はじめての
WPS Office

Writer　Spreadsheets　Presentation

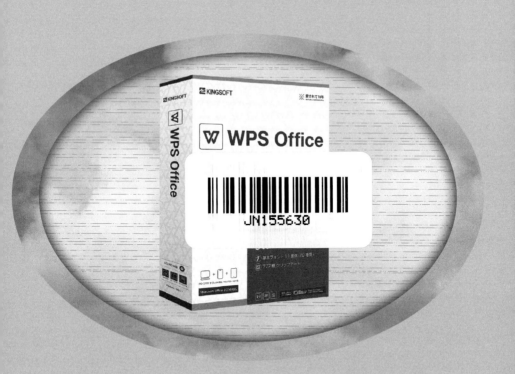

はじめに

「オフィスソフト」は、「ワープロソフト（文書作成）」「表計算ソフト」「プレゼンテーション」などで構成されています。現在、マイクロソフトの「Microsoft Office」シリーズが最も普及し、標準ソフトとして使われています。

「Microsoft Office」には、豊富な機能が搭載されているのですが、とても高価なソフトなので、手軽なオフィスソフトを望むユーザーには向いていません。

一方、キングソフトの「WPS Office」は、「Microsoft Office」シリーズと比べると、非常に価格が安いです。そして、安価でありながら、オフィスソフトに必要な機能がしっかり盛り込まれています。

「WPS Office」のユーザーインターフェイス（操作画面）は、できるだけ「Microsoft Office」と同じように操作できることを目標に設計されているので、「WPS Office」の操作を覚えておくと、もし将来「Microsoft Office」シリーズを使うことになったとしても、すぐに使い方を覚えられると思います。

「WPS Office」は、ファイルの互換性にも対応していて、「Microsoft Office」と同じ形式で、文書ファイルを作れます。従来のファイル形式だけでなく、「.docx」「.xlsx」「.pptx」などの新しいファイル形式にも対応しています。

「WPS Office」には、ワープロソフト「Writer」、表計算ソフト「Spreadsheets」、プレゼンテーション「Presentation」の3つのソフトがあります。

これらのソフトを使いこなせば、さまざまな文書や資料などを作ることができます。

「WPS Office」の操作を熟知して、オフィス文書の効率的な作成に役立ててください。

本間　一

はじめての WPS Office

CONTENTS

はじめに ……………………………………………………………………… 3
 和暦の「元号」について ………………………………………………… 6

第1章　「WPS Office」の準備

[1-1] 「WPS Office」のソフト構成 ……………………………… 8
[1-2] 動作環境 ……………………………………………………… 9
 OS（基本ソフト）／必要なパソコンの性能
[1-3] 「Microsoft Office」シリーズとの互換性 ……………… 9
 ファイルの互換性／互換性の注意点／「WPS Office」形式のファイル／主な「WPS Office」と「Microsoft Office」の違い
[1-4] 「WPS Office」のインストール ……………………………… 11
[1-5] 起動方法 ……………………………………………………… 12
[1-6] 製品の登録 …………………………………………………… 13
 OS（基本ソフト）／必要なパソコンの性能

第2章　Writer

[2-1] 「Writer」の画面構成とファイル操作 ……………………… 18
 「Writer」の操作画面／「ワークウィンドウ」の操作／新しい文書を作る／文書ファイルを保存する／ファイル名に表示される「*」マークの意味／前回の続きの作業を始める
[2-2] 文字の編集 …………………………………………………… 27
 文字の「フォント」や「サイズ」を変更する／入力ずみの文字のフォントを変更する／文字の装飾／文章の配置を整える／文章をコピーする／文字列を移動する／書式をコピーする／書式のクリア／「スタイル」による書式設定／元に戻す／やり直し／文字列の検索と置換
[2-3] レイアウトを整える ………………………………………… 66
 余白の設定／「ルーラー」によるインデント操作／ルーラーでタブ位置を揃える／文書にページ番号を入れる／ヘッダーとフッターにタイトルなどを入れる／ページを線で囲む／段組を設定する／「縦書き」の文書を作る／アート文字／文字の効果
[2-4] 図形や画像の挿入 …………………………………………… 87
 クリップアート／写真などの画像を挿入する／いろいろな図形を挿入する／画像や図形などに「キャプション」を付ける
[2-5] 印刷する …………………………………………………… 105
 「印刷プレビュー」を見る／用紙サイズの設定／印刷する／ページを用紙に合わせて拡大・縮小印刷する／差し込み印刷

CONTENTS

第3章　Spreadsheets

[3-1] 「Spreadsheets」のウィンドウ構成 ……………………… 118
Spreadsheets の操作画面 / Spreadsheets の基本操作

[3-2] セルの編集と表の作成 ……………………………………… 120
セルの選択と表示 /「数式」や「関数」の表示 / セル移動のキー操作 / データの入力 / 連続データを入力する / 並べ替え / セルのサイズを変える / セルの挿入 / 罫線を設定する / セルの背景色を設定する / 表の行と列を入れ替えて貼り付ける / 素早くテーブルの書式を設定する / セルの結合

[3-3] 計算と関数 ………………………………………………… 143
合計 /「関数」を挿入する / 数式を設定する /IF 関数 / セル範囲の記述方法 / 数式のエラーチェック

[3-4] 「グラフ」の作成 …………………………………………… 158
表からグラフを作成する / グラフの編集 / 複合グラフ / グラフのコピー

第4章　Presentatoin

[4-1] 「Presentation」の編集画面 ……………………………… 172
3 種類の表示モード / スライドの再生 /Presentation のファイル形式

[4-2] プレゼンテーションの作成と保存 ……………………… 176
基本的なファイル操作 /「テンプレート」を使う

[4-3] テキストの編集 …………………………………………… 180
プレースホルダ /「テキスト・ボックス」を挿入する / 図形にテキストを入力する / 基本図形 / 図形をプレースホルダの背景にする / 図形にグラデーション効果を入れる / アート文字

[4-4] 新しいスライド …………………………………………… 194

[4-5] 画像や表の挿入 …………………………………………… 197
画像を挿入する / クリップアートを挿入する / グラフを挿入する / 表の挿入 / 画像などに枠や影をつける

[4-6] 「動画」や「音声」の挿入 ………………………………… 205
「動画」の挿入 / 音声の挿入

[4-7] アニメーションとプレゼンテーション再生 …………… 211
スライド切り替え

[4-8] プレゼンテーションの再生 ……………………………… 218
ノートの活用 / プレゼンテーションの再生 / スライドショーの設定

[4-9] 資料の作成 ………………………………………………… 227
資料の配付方法 / 印刷 /PDF 文書の作成

索　引 ……………………………………………………………… 237

和暦の「元号」について

●「令和」への対応

2019年5月1日から新元号が施行され、「平成」から「令和」に移行しました。

「WPS Office」の最新版では、新元号に対応しているので、**和暦の入力や過去の文書ファイルの元号修正**などをスムーズにできます。

以前のバージョンを使っている場合は、「WPS Office」を更新する必要があります。

更新には、いったん「WPS Office」をアンインストール（プログラムを削除）してから、新しい「WPS Office」をインストールしてください。

※詳しいインストール方法は p.11 を参照してください。

●バージョンの確認方法

「WPS Office Writer」を起動して、「ファイルタブ」（上部左のメニューのボタン）をクリック（①）。

そのメニューから「ヘルプ」にマウスのポインタを合わせて（②）、右に表示される項目から「バージョン情報」をクリック（③）。

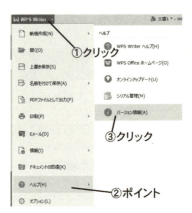

「ファイルタブ」の操作

「バージョン情報」ダイアログの上部の数字がバージョン番号です。

その番号が「10.8.2.6709」以降であれば、「令和」に対応ずみです。

それよりも番号が古い場合は、「WPS Office」を更新してください。

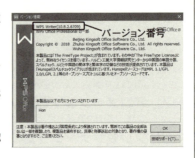

バージョンの確認

- Microsoft、および Windows は、米国 Microsoft Corporation の、米国およびその他の国における登録商標または商標です。
- その他各製品名は一般に各社の登録商標または商標ですが、Ⓡおよび TM は省略しています。

第1章

「WPS Office」の準備

「WPS Office」(ダブリュピーエス・オフィス)を使うための準備をしましょう。
「WPS Office」には、「体験版」が用意されていて購入前に試すことができます。
無料で30日間、「WPS Office」のすべての機能を利用できます。

無料期間が終わったら、製品版の購入が必要です。
「WPS Office」には、通常の「パッケージ版」と「ダウンロード版」があります。

第1章 「WPS Office」の準備

1-1 「WPS Office」のソフト構成

「WPS Office」は、Kingsoft(キングソフト)が開発したオフィスソフトです。「WPS」という名称は、「Word Process System」の頭文字に由来します。

＊

「WPS Office」には、ワープロソフトの「Writer」(ライター)、表計算ソフトの「Spreadsheets」(スプレッドシート)、プレゼンテーションソフトの「Presentation」(プレゼンテーション)の3種類のソフトがあります。

これら3つのソフトが含まれるパッケージが基本的な構成です。

＊

これら3種類のソフトの他に、29種類のフォントや、777種類のイラストが使える「クリップアート集」が含まれています。

そして、上位の製品では、より多くのフォントが使えます。パッケージによって、含まれるソフトが異なるので、製品の内容をよく確認してから購入してください。

パッケージ製品は、家電量販店などのパソコン用品取扱店で購入できます。

「ダウンロード版」を購入する場合は、「KINGSOFT Online Shop」のWebサイトにアクセスしてください。

Writer

Spreadsheets

Presentation

KINGSOFT Online Shop
https://pay.kingsoft.jp/shopping/

1-2 動作環境

■ OS（基本ソフト）

「WPS Office」は、以下のWindowsがインストールされたパソコンで動作します。

・日本語版 Microsoft Windows 10/8.1※/7

> ※ Windows 8は、Windows 8.1へのアップグレードが推奨されています。

■ 必要なパソコンの性能

「WPS Office」は、1GHz以上のCPU、1GB以上のメモリを搭載したパソコンで動作します。HDDは、1.5GB以上の空き容量が必要です。

1-3 「Microsoft Office」シリーズとの互換性

■ ファイルの互換性

「WPS Office」の各ソフトで作成したデータは、「.doc」(文書ファイル)、「.xls」(表計算ファイル)、「.ppt」(プレゼンテーションファイル)の拡張子で保存できます。これらのファイルは、「Microsoft Office」シリーズのオフィスソフトで開くことができます。

また、「Microsoft Office」シリーズの新しいファイル形式「.docx」「.xlsx」「.pptx」のファイルも扱うことができます。

■ 互換性の注意点

「WPS Office」で作ったファイルを「Microsoft Office」で開く場合や、反対に「Microsoft Office」で作ったファイルを「WPS Office」で開く場合に、レイアウトなどの見た目は、ほぼ同じように表示されます。

しかし、完全に同じ見た目にはならない場合もあります。

文書ファイルの内容によっては、レイアウトが崩れたり、図や表の位置がズレたりするなど、表示に問題が生じる場合があります。

このような場合には、ファイルの使用目的に合わせて、再編集や修正を行なってください。

第1章 「WPS Office」の準備

■「WPS Office」形式のファイル

「WPS Office」で編集した文書データは、「WPS Office」の独自形式のファイルに保存しておくと、書式やレイアウトなどのすべての情報を確実に保存できます。

「WPS Office」形式の文書ファイルは「.wps」、表計算ファイルは「.ett」、プレゼンテーションファイルは「.dps」という拡張子で保存します。

通常は、「Microsoft Office」形式のファイルで編集し、特に重要なファイルのみ「WPS Office」形式で保存しておく、という方法もあります。

■主な「WPS Office」と「Microsoft Office」の違い

文書を作った後に、文章の記述ミスなどの訂正や、レイアウトの修正などの作業を行なうことを、「校正」と呼びます。

「WPS Office」と「Microsoft Office」では、「校正」関連の機能で、以下の2つの点が異なっています。

●文章のチェック機能

「WPS Office」には、英単語のスペルチェック機能はありますが、日本語のチェック機能はありません。

一方、「Microsoft Office」には、言葉の入力ミスや助詞の使い方が間違っている可能性の高い部分を自動的に見つけ出す機能があります。

「Microsoft Office」では、1つの文章を入力した直後に、誤った箇所に波状下線が表示されるので、文章入力時のミスを減らせます。

●表記ゆれの修正

「Microsoft Office」には、文章を書き終わった後に、文書全体をチェックして、「表記ゆれ」を修正する機能があります。

「表記ゆれ」とは、同一の文書内で、同じ言葉に複数の記述方法が存在する状態です。

たとえば、「Computer」の日本語表記では、「コンピュータ」と「コンピューター」の2つの記述方法があります。一般に同一文書内では、こうした表記をどちらかに統一するように修正します。

「Microsoft Office」では、「表記ゆれ」が自動的にチェックされ、該当箇所には青色の波状下線が表示され、修正を促します。

[1-4] 「WPS Office」のインストール

　「WPS Office」では、「置換」機能を使って、「表記ゆれ」に対処できます。「置換」は、ある言葉を検索して、見つかった言葉を他の単語に置き換える機能です。

＊

　以上の2つの違いから分かるように、「Microsoft Office」には、文書作成を支援する便利な機能が搭載されていますが、その機能の多くは、絶対に必要というものではありません。
　「WPS Office」の機能を駆使すれば、「Microsoft Office」と同レベルの文書を作れます。

1-4 「WPS Office」のインストール

　まず、「WPS Office」の「無料体験版」をインストールしましょう。
　「体験版」は、30日間利用できます。

[1] Webブラウザで「WPS Office」のWebサイトを開いて、「体験版ダウンロード」ボタンをクリック。

ダウンロードの開始

・**WPS Office**
https://www.kingsoft.jp/office

[2]「保存」ボタンをクリックして(①)、ダウンロードが終わったら「実行」ボタンをクリック(②)。

　「ユーザーアカウント制御」ダイアログの「はい」ボタンをクリック。

インストーラの起動

第1章 「WPS Office」の準備

[3]「このライセンス契約書に同意します」のチェックをオンにして、「インストール」ボタンをクリック。

インストール開始

その他の項目は、オン/オフのどちらかを選びます。

『ユーザー改善プランに参加し、「WPS Office」の品質向上に協力します』をオンにすると、「WPS Office」の使用状況の情報が、KINGSOFTに匿名で送信されます。送信された情報は、今後の製品開発に活かされます。

この後、インストールファイルの保存が行なわれ、「インストールが完了しました」と表示されたら、「WPS Office」のインストール作業は完了です。

1-5 起動方法

「WPS Office」の各ソフトを起動するには、以下のように操作します。

[1]「スタート」ボタンをクリックして、スタートメニューの「すべてのアプリ」をクリックする。

[2]「WPS Office」フォルダをクリックして開く(①)。起動するソフトのアイコンをクリック(②)。

「すべてのアプリ」をクリック

ドラッグ&ドロップ操作で、「WPS Office」のアイコンを「タイル」に追加しておくと、素早く起動できます。

また、デスクトップのアイコンをダブルクリックして起動することもできます。

[1-6] 製品の登録

ソフトの起動

1-6 製品の登録

■ 登録するタイミング

「WPS Office」を使い続けるには、「シリアル番号」を入力して、「正規版ソフト」として登録する必要があります。

「無料体験版」のインストール直後から、すぐに登録できますが、体験期間が終了してから登録してもかまいません。まず、「WPS Office」を使ってみて、動作に問題がないことを確認してから、登録してください。

■ シリアル番号の入力

「WPS Office」のシリアル番号の確認や追加は、「シリアル管理」ダイアログで行ないます。

「WPS Office」を登録するには、以下の手順でシリアル番号を追加します。

[1]「WPS Office」のソフトを起動して、「ファイルタブ」をクリック。メニューの項目から「ヘルプ」をポイントして、「シリアル管理」をクリック。

第1章 「WPS Office」の準備

この手順の操作では、「Writer」を使っていますが、起動するソフトは、「Spreadsheets」や「Presentation」でもかまいません。

> ⚠️ 【用語】ポイント
> マウスやタッチパッドで操作するときに、メニュー項目をクリックするのではなく、項目のところにポインタ（マウスカーソル）を合わせるだけの操作を「ポイント」と言います。

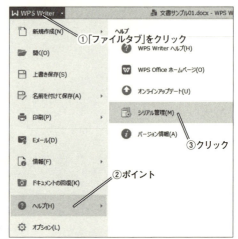

ファイルタブの操作

[2]「ユーザーアカウント制御」ダイアログが表示されたら、「はい」をクリック。

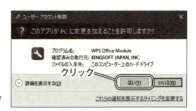

「ユーザーアカウント制御」ダイアログ

[3]「シリアル管理」ダイアログが開いたら、「追加」ボタンをクリック（①）。シリアル番号を入力して（②）、入力欄下の「OK」ボタンをクリック（③）。

「WPS Office」をダウンロード購入した場合は、メールで受け取ったシリアル番号を入力してください。

なお、「WPS Office」のパッケージ版には、シリアル番号が記載された「インストール用シリアル番号カード」が入っています。

シリアル番号の入力

[1-6] 製品の登録

[4]「シリアル管理」ダイアログの「OK」ボタンをクリックして、ダイアログを閉じる。

「シリアル管理」ダイアログの「現状」欄に、ライセンスの登録状況が表示されます。

「有効」と表示されているソフトは、ライセンスが正しく登録されています。

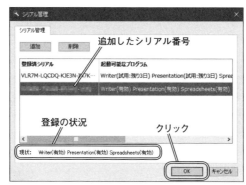

登録完了

「未認証」と表示されている場合は、いったんソフトを終了してから起動すると、「有効」に変わります。

なお、インターネットに接続できない環境では、「未認証」のままになりますが、「WPS Office」の各ソフトは正常に使えます。

■ モバイル版のWPS Office

● 無料で使えるOfficeアプリ

「WPS Office」には、「Android」や「iPhone」などのスマートフォンで使えるアプリもあります。

「Android」では「Google Play」、「iPhone」では「App Store」を起動して、検索欄に「WPS」と入力すれば、「WPS Office」をインストールするためのページがすぐに見つかると思います。

「Google Play」のWPS Office

第1章 「WPS Office」の準備

●モバイルで文書ファイルを活用

　「モバイル版」の「WPS Office」を使えば、スマートフォンで、「文書」「表計算」「プレゼンテーション」「テキスト」などの閲覧や編集ができます。

　詳細な編集機能はありませんが、外出時にふと思いついたアイデアを書き留めたり、文書ファイルを閲覧したりするなど、便利に使えます。

Writer

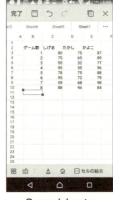
Spreadsheets

Presentation

●「無料版」と「プレミアム版」

　モバイル版の「WPS Office」には、「無料版」と、有料の「プレミアム版」があります。「無料版」には、インターネット広告が表示されますが、「プレミアム版」には、広告は表示されません。

　パソコン用の「WPS Office」を購入すると、「プレミアム版」を無料で利用できます。

　スマートフォンに「無料版」をインストールしてから、「シリアル番号」を入力することで、「プレミアム版」にアップグレードできます。

第2章 Writer

Kingsoft WPS Office

「Writer」は、文字を装飾して見栄えの良い文書を作れる、ワープロ(ワードプロセッサ)ソフトです。画像や表を挿入することもできます。

・文章を書き、アイデアをまとめる。
・本を作る。
・チラシやハガキなどを作る。

「Writer」をどのように使うかは、ユーザー次第です。頭に浮かんだイメージを具体化するには、ソフトの基本操作を熟知しておくことが大切です。

「Writer」には非常に多くの機能があります。そのすべてを短期間に習得するのは難しいと思います。何かの文書を作りながら、必要な機能を少しずつ覚えていってください。

第2章 Writer

2-1 「Writer」の画面構成とファイル操作

■「Writer」の操作画面

「Writer」の操作画面には、さまざまな機能が盛り込まれています。各機能がどこに配置されているか、大まかに把握しておきましょう。

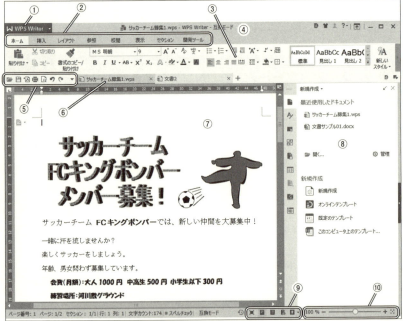

「Writer」の画面構成

① **ファイルタブ**
　「新規作成」「開く」「保存」「印刷」など、基本操作のメニューを表示します。

② **メニュータブ**
　作業目的のグループ名を選択して、「ツールバー」の表示を切り替えます。

③ **ツールバー**
　「ツールバー」に表示されるボタンは、作業目的によって異なります。「ツールバー」の表示は「メニュータブ」で切り替えます。

④ **タイトルバー**
　文書ファイルの名前が表示されます。

[2-1]「Writer」の画面構成とファイル操作

⑤ クイックメニュー
　ファイル操作や「元に戻す」「やり直し」などの操作ボタンが並んでいます。
⑥ 文書タブ
　複数の文書ファイルを開いた際に、「文書タブ」をクリックして、編集する文書ファイルを切り替えます。
⑦ 編集ウィンドウ
　文書の編集を行ないます。
⑧ ワークウィンドウ
　「ワークウィンドウ」は、ファイルの読み込みや「クリップアート」の選択、図形選択などの機能が表示される領域です。
⑨ 表示モード切り替え
　文書の表示モードを切り替えます。基本的な表示モードは、「印刷レイアウト」「アウトライン」「ウェブレイアウト」の3種類です。
⑩ ズーム
　スライダのハンドルを左右にドラッグして、編集画面を拡大・縮小します。「ズーム」の「＋」と「－」をクリックすると、10%ずつサイズが変化します。

■「ワークウィンドウ」の操作

●「ワークウィンドウ」の表示切り替え

≪「ワークウィンドウ」の役割≫
　右側の「ワークウィンドウ」は、「Writer」の主要な機能を素早く使うためのインターフェイスです。

　「ワークウィンドウ」の機能は、「機能選択ボタン」をクリックして選択します。
　「ワークウィンドウ」は、「表示」と「非表示」を切り替えることができます。
　「ワークウィンドウ」の操作が不要なときに、「ワークウィンドウ」を閉じると、編集ウィンドウを広く使えます。

第2章 Writer

≪表示の切り替え≫

ワークウィンドウには、以下のような3種類の状態があります。

表示	「ワークウィンドウ」を表示した、通常の状態です。
非表示	「ワークウィンドウ」を閉じて隠します。ノートパソコンなどで画面が小さい場合に、「ワークウィンドウ」を非表示にすると、文書の編集画面を広く使えます。 また、複数のソフトを同時に立ち上げたときに、ウィンドウを小さくして並べたい場合にも、「ワークウィンドウ」を非表示にするといいでしょう。
ボタンを表示	「ワークウィンドウ」の「機能選択ボタン」だけを表示するモードです。使いたい機能のボタンをクリックすると、「ワークウィンドウ」が開きます。 初期設定では、「ワークウィンドウ」は表示された状態になっています。まず「メニュータブ」の「表示」をクリックします。 「表示」ツールバーの項目から、「ワークウィンドウ」をクリックすると、チェックボックスの状態が、「オフ→青色表示→オン」の順番で切り替わります。 オン：「ワークウィンドウ」を表示。 オフ：「ワークウィンドウ」を表示しない。 青色：「機能選択ボタン」だけを表示。

「ワークウィンドウ」を閉じるときは、「ワークウィンドウ」右上の「×」ボタンをクリック、または開閉ボタンをクリックします。

「×」ボタンをクリックした場合は、「機能選択ボタン」だけの表示になります。開閉ボタンをクリックした場合は、「ワークウィンドウ」を完全に閉じます。

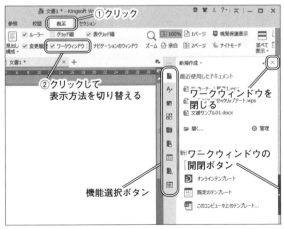

「ワークウィンドウ」の表示の切り替え

[2-1]「Writer」の画面構成とファイル操作

> **Memo**「ワークウィンドウ」の表示切り替えのショートカット：
> [Ctrl + F1]
>
> キーボードの [Ctrl] と [F1] を同時に押すと、「ワークウィンドウ」の表示を切り替えることができます。
>
> 本書では、このようなキーボードによるショートカット操作を [Ctrl + F1] のように記載します。

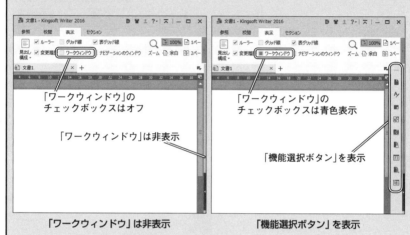

・各機能を小ウィンドウで開く

「ワークウィンドウ」右上の斜めの矢印ボタンをクリックすると、独立した小ウィンドウで選択中の機能を開くことができます。

この小ウィンドウは、特定の機能のワークウィンドウを開いたままにしたいときに便利です。

機能の小ウィンドウ表示

小ウィンドウの斜めの矢印ボタンをクリックすると、「ワークウィンドウ」の元の位置に戻ります。

第2章 Writer

・「機能選択ボタン」の順序を変える

　「機能選択ボタン」の各ボタンは、ドラッグ＆ドロップ操作により、好みの順序に変えることができます。

　位置を変えたいボタンのアイコンを上下にドラッグして、配置したい場所にドロップします。

「機能選択ボタン」の配置変更

・「機能選択ボタン」の順序の初期化

　「機能選択ボタン」の順序を変えた後に、元の状態に戻したいときは、「機能選択ボタン」上の任意の位置を右クリック[※1]して、コンテキストメニュー[※2]から「ボタンの配列を初期化する」をクリックします。

「機能選択ボタン」の初期化

※1　「右クリック」は、マウスの副ボタンを押す操作です。

※2　「コンテキストメニュー」とは、ボタンやアイコン、特定の領域などをクリックまたは右クリックしたときに表示される選択リストのことです。
　「コンテキストメニュー」は、主に右クリックしたときに表示されます。「コンテキストメニュー」のことを、単に「メニュー」と言うこともあります。

・ワークウィンドウを左側に表示

　「機能選択ボタン」上の任意の位置を右クリックして、コンテキストメニューから「パネルの位置」をポイントし、「左寄せ」をクリックすると、「ワークウィンドウ」は左側に表示されます。

「ワークウィンドウ」の位置変更

　もう一度同じように操作して、メニューから「右寄せ」をクリックすると、右側の表示に戻せます。

[2-1]「Writer」の画面構成とファイル操作

●「ワークウィンドウ」の機能

「ワークウィンドウ」の「機能選択ボタン」をクリックして、使いたい機能を選びます。

① 新規作成
② スタイルと書式
③ オブジェクトの選択と表示
④ クリップアート
⑤ ドキュメントの回復
⑥ 編集の制限
⑦ XML データ構造
⑧ 書式設定
⑨ XML マップ

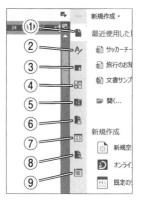

機能選択ボタン

＊

「ワークウィンドウ」には、次のような機能があります。

新規作成	「文書ファイルの新規作成や読み込み」「テンプレートの読み込み」など、主にファイル操作の機能がまとめられている。
スタイルと書式	文字列の書式やスタイルの選択、見出しのフォントの選択などができる。
オブジェクトの選択と表示	文書中の画像や図形を管理。
クリップアート	文書に「クリップアート」のイラストを挿入。
ドキュメントの回復	何らかのトラブルで「Writer」が強制終了してしまった場合に、自動バックアップ機能で保存されているファイルのリストを表示。
編集の制限	文書に適用する書式を制限して、意図しない書式の変更を防ぐ。また、文書ファイルを「読み取り専用」にするなど、文書の保護を設定できる。
XML データ構造	XML ドキュメントに、ユーザー独自の XML 要素を適用させることができる。XML は、マークアップ言語の一種。マークアップ言語とは、文書内の文字列や画像コンテンツなどに、論理的構造や書式を設定するためのコンピュータ言語。
書式設定	文字に輪郭や影をつけるなど、文字装飾の書式を設定。
XML マップ	文字列の書式など、特定の目的で記述された「XML パーツ」を文書内に適用させることができる。

【用語】テンプレート

「テンプレート」とは、よく使う書式やパターンなどを記述し、ひな形とする目的で保存しておく文書のことです。「テンプレート」を使うと、特定の目的の文書を素早く作成できます。

第2章 Writer

■ 新しい文書を作る

新しい文書を開く操作には、複数の方法がありますが、どの方法を使ってもかまいません。

文書の目的に合わせて、やりやすいと思う方法で操作してください。

● ファイルタブから新規作成

「ファイルタブ」のメニューから(①)、「新規作成」をクリックすると、新しい編集画面が開きます(②)。

また、「ファイルタブ」のメニューから「新規作成」をポイントすると、さらにメニューが表示され、「テンプレート」を開く操作を選択できます。

「ファイルタブ」のメニュー　　テンプレートの利用

● ワークウィンドウから新規作成

「ワークウィンドウ」の「新規作成」から、「新規作成」や「テンプレート」を開く操作ができます。

「ワークウィンドウ」の「新規作成」

Memo 覚えておきたい基本操作のショートカット	
[Ctrl + N]	新しい文書を開く
[Ctrl + O]	ファイルを開く
[Ctrl + S]	上書き保存
[Ctrl + P]	印刷
[F12]	名前を付けて保存

[2-1]「Writer」の画面構成とファイル操作

■ 文書ファイルを保存する

　文書の編集作業を終えるときは、文書ファイルを保存する必要があります。
　「新規作成」の操作を行なうと、「文書1」「文書2」といった暫定的な名前の文書が表示されます。編集中の文書のファイル名は、「タイトルバー」で確認できます。

　新規に作成した文書を保存する際には、文書の内容が分かるような名前を付けて保存します。

「タイトルバー」のファイル名表示

＊

　文書ファイルを保存するには、次の手順で操作します。

[1]「ファイルタブ」をクリックして(①)、コンテキストメニューから「名前を付けて保存」をクリック(②)。

> **Memo** 前回の続きの編集作業を行った後に、その文書ファイルを更新するときは、「上書き保存」をクリックします。

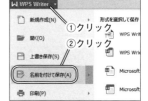

「ファイルタブ」のコンテキストメニュー

[2]「ファイル名」欄に、保存する文書のファイル名を入力する(①)。ファイル形式を変更する場合は「ファイルの種類」をクリックして、文書ファイルの保存形式を選択(②)。

　必要に応じて「保存する場所」(保存先のフォルダ)を変更し、準備ができたら「保存」ボタンをクリック(③)。

「ファイルタブ」のメニュー

　「名前を付けて保存」ダイアログを開くと、「ファイル名」欄には、文書の先頭から取得した文字列が自動的に入力されます。
　その名前のまま保存することもできますが、文書の内容に合わせて、適切な名前に変更してください。

第2章 Writer

■ ファイル名に表示される「*」マークの意味

文書を編集して、何か変更を加えると、「タイトルバー」や「文書タブ」のファイル名に記号の「*」(アスタリスク)マークが表示されます。

更新箇所のある文書のファイル名表示

「*」の表示は、変更された文書がまだ保存されていないことを表わします。
ファイル名に「*」が表示されているか、確認する習慣をつけておくと、文書ファイルを保存しないままパソコンの電源を切ってしまうような失敗を防げます。

■ 前回の続きの作業を始める

前回の編集作業で保存した文書ファイルを開く場合は、「最近使用したドキュメント」のリストからファイルを開くと、作業を素早く再開できます。

●ファイルタブから開く

「ファイルタブ」をクリックすると、右側に「最近使用したドキュメント」のリストが表示されます(①)。開きたいファイル名をクリックします(②)。

ファイルタブの「最近使用したドキュメント」

「最近使用したドキュメント」以外のファイルを開く場合は、コンテキストメニューから「開く」をクリックして、「開く」ダイアログから文書ファイルを選択します。

●「最近使用したドキュメント」を「ピン留め」にする

「ファイルタブ」の「最近使用したドキュメント」のリストに表示されるファイル名は、新しいファイル名が追加されると、古いファイル名は順次消えます。
継続して編集する文書ファイル名は、リスト右端の「ピン」ボタンをクリックして「ピン留め」にしておくと、常に表示されるようになり、素早く編集を再開できます。

「最近使用したドキュメント」の「ピン留め」と削除

「ピン留め」にした文書ファイル名は、「ピン」ボタンが斜めに表示され、橙色に変わります。

● ピン留めのファイル名をリストから消す

「最近使用したドキュメント」のリストから特定のファイル名を消したい場合は、ファイル名をポイントして、「×」ボタンをクリックします。

なお、「最近使用したドキュメント」のリストからファイル名を消しても、その文書ファイルが消えるわけではありません。

● ワークウィンドウから開く

「ワークウィンドウ」の「新規作成」セクションでは、上部に「最近使用したドキュメント」のリストが表示されます。このリストから、開きたいファイルをダブルクリックします。

「最近使用したドキュメント」以外のファイルを開く場合は、「開く」をクリックします。

「ワークウィンドウ」の「新規作成」から開く

2-2 文字の編集

■ 文字の「フォント」や「サイズ」を変更する

●「ホーム」ツールバー

文字の「書体」や「サイズ」を設定するときは、メニュータブの「ホーム」ツールバーを表示させます。

「ホーム」ツールバー

「ホーム」ツールバーには、文字の「サイズ」や「色」、「フォント」の選択など、主に文字の装飾を設定するための機能があります。

● フォントの種類の選択

あらかじめフォントの「種類」や「サイズ」を設定しておくと、その設定に従って、入力した文字が表示されます。

第2章 Writer

　フォントの「種類」と「サイズ」は、ツールバーに表示された「フォント」欄で設定します。
　「フォント」欄の右側の小さな下向きの三角ボタンをクリックすると、フォントのリストが表示されます(①)。
　このリストからフォントの種類をクリックして選択します(②)。

> **Memo　フォントの種類**
> 「WPS Office」では、「WPS Office」に付属の「標準フォント」と、パソコンにあらかじめインストールされているフォントが利用できます。上位製品には「追加フォント」が付属していて、より多くのフォントが使えます。

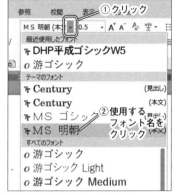

フォントの選択

●フォントのサイズ設定

　「フォント」欄の右側の数字は、文字のサイズの設定です。
　数字の右側の三角ボタンをクリックして(①)、サイズを選択します(②)。
　サイズの数字は、直接入力することもできます。

　文字のサイズは、「ポイント」という単位を使います。「ポイント」は印刷するときのサイズを表わします。
　一般に「ポイント」を略記するときは、「pt」と書きます。

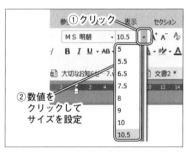

フォントのサイズ設定

　文字のサイズは、欧米のインチサイズが基になっていて、1ポイントは1/72インチ(約0.35mm)です。
　たとえば、10ポイントの文字なら、縦横3.5x3.5mmのマス目に収まるサイズの文字です。一般的なフォントは、正方形のマス目に収まるようにデザインされていますが、フォントのデザインによっては、縦と横のサイズが異なる場合もあります。

[2-2] 文字の編集

●フォントの拡大と縮小

サイズ欄の右側の「A⁺」(フォントの拡大)ボタンと「A⁻」(フォントの縮小)ボタンをクリックすると、フォントのサイズを段階的に変更できます。

「A⁺」をクリックするとサイズが大きくなり、「A⁻」をクリックすると小さくなります。

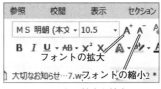
フォントの拡大と縮小

フォントの「拡大」と「縮小」のボタンは、フォントのサイズを少しだけ変更したい場合に便利です。

■ 入力ずみの文字のフォントを変更する

入力ずみの文字のフォントやサイズは、いつでも変更できます。

まず、標準サイズの文字を入力して、その後にフォントやサイズを変更するという操作は、よく使われる編集方法です。

入力ずみの文字のフォントを変更する場合は、まず変更する文字列をドラッグして選択された状態にします。その文字列がフォント変更の対象になります。

[1] 変更する文字列の先頭にポインタを合わせて、ドラッグ(マウスのボタンを押したまま、文字列の最後までポインタを移動)して、マウスのボタンを放す。

選択されている文字列は、背景色がグレーになります。

文字列の後方から前方に向かって「ドラッグ」することもできます。

斜め方向に「ドラッグ」すると、複数の行を選択できます。

文字列の選択

> **Memo** キーボードの[Shift]キーを押しながら、[←]または[→]を押して、範囲を選択することもできます。
>
> キーボードの[Shift]キーを押しながら、[↑]または[↓]を押すと、複数行を選択できます。

第2章 Writer

[2]ツールバーの「フォント」欄で、リストからフォントの種類をクリックして選択する。同様に「フォントサイズ」欄のリストから数値を選択して設定する。

右図の例では、「HGPゴシックE」というフォントを選択しています。

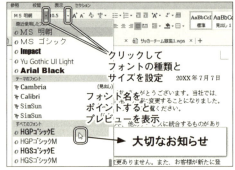

フォントの選択

「フォント」欄のリストで、フォント名をポイントすると、選択した文字列のプレビューが表示され、フォントのデザインを確認できます。

[3]選択したフォントに変更完了。

編集画面上のどこかをクリックすると、文字列の選択が解除され、変更内容が確定します。

フォント変更の完了

Memo 等幅フォントとプロポーショナルフォント

　フォントには、「名前がそっくりで1文字だけ異なる」というフォントがあります。そのようなフォントは、デザインは同じですが、文字の並び方が異なります。

　たとえば、「MSゴシック」と「MSPゴシック」では、「MSゴシック」は「等幅フォント」で、「MSPゴシック」は「プロポーショナルフォント」です。「等幅フォント」では、1文字の幅を常に一定に保って配置されます。

　「プロポーショナルフォント」では、各文字の幅に合わせて、文字と文字の間に空白が開かないように、詰めて配置されます。

　その他に、「HG書体」では「HGSゴシックE」など、「S」の付いたフォントがありますが、これは、「半角文字」(ABC、123などの1バイト文字)は「プロポーショナル」で表示し、「全角文字」(かなや漢字などの2バイト文字)は「等幅」で表示するという種類のフォントです。

■ 文字の装飾

文字には、太字や斜体など、いろいろな装飾を施すことができます。文字の装飾を変更する操作は、文字列のフォントを変更するときと同じ手順で操作します。

　たとえば、太字にする「**B**」ボタンをクリックしてから文字を書き始めると、太字の文字が入力されます。
　また、通常の文字列の範囲を選択した状態で「**B**」ボタンをクリックすると、その文字列が太字になります。

　太字に設定された文字を装飾の無い状態に戻す場合は、太字になっている文字列を選択してから「**B**」ボタンをクリックします。
＊
　文字を装飾する機能のボタンは、ツールバーの「フォント」欄の近くにまとめられています。

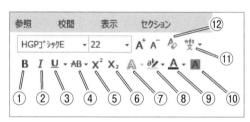

▼ 文字を装飾する機能のボタン

① 太字　　④ 打ち消し線　　⑦ 文字の効果　　⑩ 文字の網掛け
② 斜体　　⑤ 上付き　　　　⑧ 蛍光ペン　　　⑪ ルビ
③ 下線　　⑥ 下付き　　　　⑨ フォントの色　⑫ 書式のクリア

● 太字 **B**

文字を太字にします。ボタンをクリックすると有効になります。
太字になっているときにクリックすると、太字を解除します。

【例】通常の文字：こんにちは　→　太字：**こんにちは**

第2章 Writer

● 斜体　*I*

文字を斜めにします。

【例】通常の文字：こんにちは　→　斜体：*こんにちは*

● 下線　U

文字列の下に下線を入れます。

【例】このように文字列の下に線が入ります。

● 打ち消し線　AB

文字列に「打ち消し線」を入れます。

「打ち消し線」は、たとえば、文章の誤りを訂正したときに、元の文章をどのように訂正したのかを明示したい場合などに使います。

【例】このように文字列に重ねて線が入ります。

● 上付き（うえつき）　X^2

文字の右上に付ける小さな添え字のことを「上付き文字」と呼びます。「上付き文字」は、数式や化学式などでよく使われます。

また、フランス語、イタリア語などの言語でも使われます。

【例】A^3

上付き文字を入力するには、たとえば、数式で「a^3」（aの3乗）のように表記したい場合は、まず「a3」と入力します。

次に「a3」の「3」を選択してから、「上付き」ボタンをクリックすると、「3」が「a」の上付き文字になります。

● 下付き（したつき）　X_2

「下付き文字」は文字の右下に付ける小さな添え字です。主に化学式や数式に使われます。

「上付き文字」と同じ操作で入力できます。

【例】A_3

[2-2] 文字の編集

●文字の効果

「アート文字」や「影」など、文字にさまざまな特殊効果を加えます。

「アート文字」は、「影」や「反射」など、複数の効果を素早く設定する機能です。文字を「アート文字」にするには、次のように操作します。

---

[1] 文字列をドラッグして選択する。

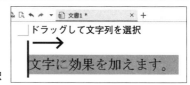

文字列の選択

[2]「文字の効果」ボタンをクリックして、「アート文字」をポイントする。「スタイル」の中から、適用するデザインを選んでクリック。

スタイルの選択

[3] 文字列に特殊効果が加えられた。

「アート文字」の完了

「アート文字」の効果を確認して、問題が無ければ、画面上の何もないところをクリックして、文字列の選択を解除します。

「アート文字」の効果に満足できない場合は、文字列が選択された状態で、「スタイル」の選択操作をやり直してください。

●蛍光ペン

文字列を選択してから「蛍光ペン」ボタンをクリックすると、文字列にハイライトが入ります。

【例】ハイライトで文字を強調します。

第2章 Writer

ハイライトの色を変更する場合は、「蛍光ペン」ボタン右側の「▼」をクリックして、「カラーピッカー」のパネルから、使う色をクリックします。

ハイライトを消したいときは、ハイライトの文字列を選択してから「蛍光ペン」ボタンをクリックすると、ハイライトの無い状態に戻ります。

蛍光ペンのカラーピッカー

●フォントの色

文字列の色を変更するには、まず「フォントの色」ボタンの色を選択します。「フォントの色」ボタンの「＿」の部分に、選択中の色が表示されます。

色を変更するには、「フォントの色」ボタン右側の「▼」をクリックして、「カラーピッカー」の色をクリックします。

編集ウィンドウで文字列を選択してから、「フォントの色」ボタンをクリックすると、文字の色が変わります。

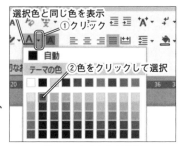

「フォントの色」の選択

「カラーピッカー」の「その他の色」をクリックすると、「色」ダイアログが表示されます。「色」ダイアログでは、より多くの色の中から選択できます。

カラーピッカーから「色」ダイアログを開く操作

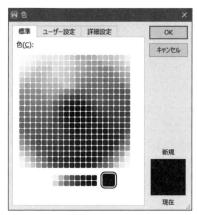

「色」ダイアログ

「色」ダイアログには、「標準」「ユーザー設定」「詳細設定」の3種類の設定方法があり、それぞれのタブをクリックして表示を切り替えます。

「ユーザー設定」と「詳細設定」では、「RGB」または「HSL」の数値で色を設定できます。

【用語】「RGB」と「HSL」
「RGB」と「HSL」は、色の表現法の種類。RGBは、赤(Red)、緑(Green)、青(Blue)の三原色で表現します。HSLは、色相(Hue)、彩度(Saturation)、明度(Lightness)という3種の色要素を数値化して表現します。

● 文字の網掛け

「網掛け」とは、文字の背景に一定パターンの網目などの模様を入れることです。見出し語などに「網掛け」を入れると、その見出し語を目立たせる効果を加えることができます。

「文字の網掛け」ボタンをクリックすると、文字列にグレー(灰色)背景を設定できます。

【例】 グレー背景で文字列を目立たせます。

● ルビ　wén 文 ▼

「ルビ」とは、文字を補完する目的で付け加える小さな文字のこと。
主に読みにくい漢字に読み仮名を付けるときに使われます。
また、特定の文字列を通常とは異なる読み方をするときにルビを付ける場合もあります。

【例】 JR留萌本線の北一已駅に到着しました。

文字にルビを付けるには、まず文字を選択してから、ツールバーの「ルビ」ボタンをクリックします。

「ルビ」ダイアログで、自動入力されたルビが正しいかどうか確認して、ルビが誤っている場合には修正します。

フォントやサイズ、位置揃え、オフセット値などの設定を変更することもできます。

ルビの詳細設定

位置揃え	ルビの位置の表示方法を選ぶ。
オフセット	ルビと対象文字列の間隔を変更できる。
フォント	ルビのフォントを変更できる。
サイズ	ルビのフォントサイズを変更できる。

≪長い文章の一括ルビ編集≫

長い文章を選択すると、一括してルビを振ることができます。ただし、「ルビ」ダイアログでは、ひらがなやカタカナにも「ルビ」欄にルビが自動で入ります。

ルビが不要な部分は「ルビ」欄の文字列を削除します。長文を選択すると、不要なルビを削除する作業が多くなるため、作業効率が下がる場合があります。

文字列の状態に合わせて、適切な範囲を選択してください。

長文選択時のルビ編集

■ 文章の配置を整える

● 配置スタイル変更の機能

ページの中で、文章の配置を整えることによって、読みやすくなったり、文章から受ける印象が変わったりします。また、複数の項目を箇条書きにするときには、文頭に自動で番号や記号を付けるような機能もあります。

配置スタイルを変更する機能のボタンは、「ホーム」ツールバーの中央付近にまとめられています。

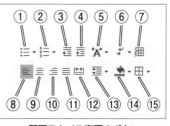

配置スタイル変更のボタン

①箇条書き	⑥書式マークの表示/非表示	⑪両端寄せ
②段落番号	⑦タブ	⑫均等割り付け
③インデントを減らす	⑧左寄せ	⑬行間
④インデントを増やす	⑨中央寄せ	⑭網掛けの色
⑤拡張書式	⑩右寄せ	⑮罫線

●箇条書き

「箇条書き」は、箇条書きの入力をサポートする機能です。

「箇条書き」ボタンをクリックして有効にすると、行頭に記号が入り、その行に文章を記入してから改行すると、次の行頭に自動で記号が入ります。

【例】
- チョコレート
- ポテトチップ
- キャラメル

「箇条書き」が有効のときは、ボタンが薄い青色になります。

箇条書きを終えるときは、「箇条書き」ボタンをもう一度クリックしてオフにします。また、カーソルが箇条書きの記号の直後にあるときに[Back Space]キーを押して、箇条書きの記号を消すと、「箇条書き」の機能がオフになります。

≪箇条書きの記号を変更する≫

「箇条書き」ボタン右側の「▼」をクリックすると、記号の選択メニューが表示されます(①)。メニューから使いたい記号をクリックすると、その記号が行頭の記号になります(②)。

箇条書きの記号の変更

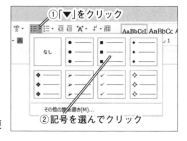

●段落番号

「段落番号」は、行頭の番号の入力をサポートする機能です。操作方法は、「箇条書き」と同じですが、記号の代わりに番号が行頭に入ります。

改行すると、1つ足した番号が次の行頭に自動で入ります。

【例】
1. 野菜と肉を炒める
2. 水を入れて煮立てる
3. カレールーを入れる

第2章 Writer

≪段落番号の文字種を変更する≫

「段落番号」ボタン右側の「▼」をクリックすると、文字種の選択メニューが表示されます(①)。

メニューから使いたい文字種をクリックすると、その文字種が行頭に入ります(②)。

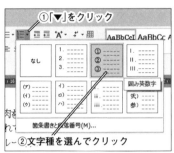

行頭の文字種の選択

数字以外にも、「(ア)、(イ)、(ウ)」「イ、ロ、ハ)」など、いろいろな文字種を選べます。

≪段落番号のカスタマイズ≫

「段落番号に括弧や記号を付ける」または「括弧付きの段落番号から括弧を取り除く」など、段落番号の表記方法を変更したい場合には、「段落番号」の文字種の選択メニューをカスタマイズします。

文字種の選択メニューをカスタマイズするには、以下の手順で設定を変更します。

[1]文字種の選択メニューから「その他の段落番号」をクリックして(①)、「箇条書きと段落番号」ダイアログを開く(②)。

「箇条書きと段落番号」ダイアログを開く操作

[2]「段落番号」タブをクリック(①)。

変更する文字種の囲みをクリックして選択する(②)。

「ユーザー設定」ボタンをクリック(③)。

「箇条書きと段落番号」ダイアログの操作

[2-2] 文字の編集

[3]「番号書式」欄を編集して、括弧を削除。

他の種類の括弧に変更したり、記号などを付け加えたりすることができます。

この手順の例では、「(ア)、(イ)、(ウ)」の括弧を外して「ア、イ、ウ」のように変更しています。

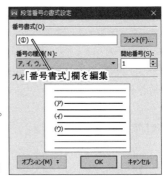

段落番号の書式を編集

[4]「プレビュー」の表示を確認して、問題無ければ「OK」ボタンをクリック。

ここで変更した「番号書式」は即座に、文書の表示に反映されます。

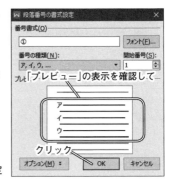

段落番号の書式編集を確定

Memo　「段落番号の書式設定」ダイアログで、「番号書式」欄右の「フォント」ボタンをクリックすると、段落番号の詳細なフォント設定ができます。

「番号書式」の変更内容は、「リストのスタイル」に保存されます。

もう一度「箇条書きと段落番号」ダイアログを開いて、「リストのスタイル」タブをクリックすると、選択可能な「リストのスタイル」を確認できます。

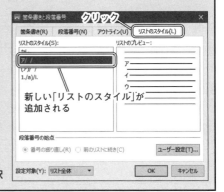

リストのスタイルの確認と選択

第2章　Writer

●インデントを減らす／インデントを増やす

≪「インデント」とは≫

「インデント」とは、段落や箇条書きなど、ひとくくりの文章をまとめて移動させる操作です。横書き文章では左右に移動させ、縦書き文章では上下に移動させます。

≪「インデント」の目的≫

「インデント」の目的はさまざまですが、タイトル文字列の後の段落を少しだけ移動したり、ある文章を補足するような説明文を加えたりする場合に「インデント」を使います。

≪インデントの操作≫

「インデント」を始めるには、段落の文章上のどこかをクリックして、カーソルを置きます(①)。カーソル位置の段落が「インデント」の対象になります。

横書きの文章で、右の「インデントを増やす」(字下げ)ボタンをクリックすると、段落が右に移動します(②)。

左の「インデントを減らす」(字上げ)ボタンをクリックすると、段落が左に移動します。

目的の位置に移動するまで、繰り返しボタンをクリックしてください。

段落の移動が行きすぎた場合は、逆のインデントボタンをクリックして調整します。「インデント」の操作は何度でもやり直せます。

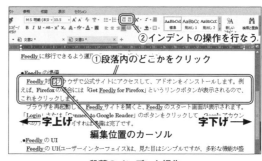

段落のインデント操作

●拡張書式

「拡張書式」は、文字を特殊な書式で表示する機能で、「組み文字」「割注」「文字の拡大／縮小」の3種類の書式を設定できます。

「拡張書式」ボタンをクリックして表示されるメニューから、設定したい「拡張書式」の種類を選択します。

[2-2] 文字の編集

≪組み文字≫

・組み文字とは

　「組み文字」は、1文字ぶんのスペースに複数の文字を入れる書式です。たとえば「㌦」や「㌧」など、いくつかの「組み文字」は、あらかじめパソコンの文字入力機能に組み込まれていて、「りっとる」や「めーとる」から変換して入力できますが、特定の文字列に限られます。

　そこで、「組み文字」機能を使うと、漢字や記号なども「組み文字」として、文章に表示できます。

　「組み文字」の書式を設定した文字列は、「文章中の1文字」として扱えます。最大6文字を1文字分のスペースに表示できます。

・組み文字を設定する

　以下の手順で「組み文字」を設定します。

[1] 6文字以内の文字列を選択する（①）。

　「拡張書式」ボタンをクリックして（②）、メニューから「組み文字」をクリック（③）。

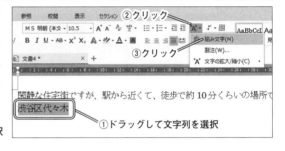

文字列の選択

[2] 「組み文字」ダイアログが表示されたら、「フォント」（フォントの種類）や「サイズ」（フォントの大きさ）を設定する（①）。準備ができたら、「OK」ボタンをクリック（②）。

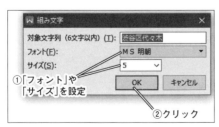

「組み文字」ダイアログ

通常の文字（上）と組み文字（下）

　「対象文字列」欄の文字列を変更すると、その変更内容は文書の文字列に反映されます。

第2章 Writer

≪割注≫

・「割注」とは

　「割注」(わりちゅう)とは、小さい文字で文章の途中に入れる注釈(補足説明)のこと。

　「組み文字」と同様に、小さい文字を2行で入れるのが一般的です。「割注」の書式は「組み文字」と似ていますが、「割注」では長い文字列を入力できます。

・「割注」を設定する

　文中に「割注」を挿入するには、以下の手順で操作します。

---

[1]文章の「割注」を挿入する位置をクリックする(①)。「拡張書式」ボタンをクリックして(②)、メニューから「割注」をクリック(③)。

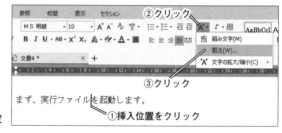

割注の挿入位置を指定

　この操作例では、「実行ファイル」という言葉の直後に「割注」を挿入します。

[2]「割注」ダイアログの「テキスト」欄に挿入する文字列を入力する(①)。「割注」の文字列を括弧でくくる場合は、「括弧で囲む」のチェックボックスをクリックしてオンにする(②)。準備ができたら「OK」ボタンをクリック(③)。

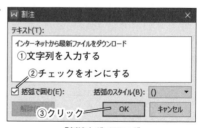

「割注」ダイアログ

　この操作例では、「インターネットから最新ファイルをダウンロード」という文字列を「割注」として挿入しています。

　「括弧で囲む」のチェックボックスをオンにすると、挿入する文字列を括弧でくくります。

　「括弧のスタイル」のボタンをクリックすると、プルダウンメニューから括弧の種類を選んで変更できます。

[3] 括弧付きの「割注」の挿入が完了した。

「割注」の挿入例

≪文字の拡大/縮小≫

・「文字の拡大/縮小」機能の特徴

　文字の大きさを変える際に、通常の方法で文字のフォントサイズ（ポイント数）を変更した場合には、文字の縦と横の比率は変わりません。

　一方、「拡張書式」の「文字の拡大/縮小」機能を使うと、文字列の高さを変えずに、横幅だけを変更できます。

・文字サイズの変更方法の比較

・通常のフォントサイズの変更

[サイズ：10pt]　　　　　[サイズ：8pt]　　　　　[サイズ：14pt]
東京都千代田区　　　　東京都千代田区　　　　東京都千代田区

・「文字の拡大/縮小」による拡大率変更

[拡大率：100％]　　　　[拡大率：66％]　　　　[拡大率：150％]
東京都千代田区　　　　東京都千代田区　　　　東京都千代田区

・「文字の拡大/縮小」の操作

　「拡張書式」ボタンをクリックして（①）、メニューの「文字の拡大/縮小」をポイントすると、文字の拡大率を選択するメニューが表示されます（②）。

　メニューから「拡大率」をクリックして選択します（③）。

　先に文字列を選択しておくと、その文字列を対象に拡大率を変更します。

　拡大率を選択する操作を行なってから文字を記入すると、選択した拡大率の文字が入力されます。

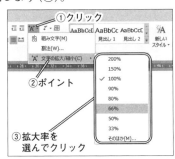

「文字の拡大/縮小」の操作

第2章 Writer

● 書式マークの表示/非表示

≪書式マークの表示切り替え≫

「書式マーク」は、編集中の文書の状態を示して、編集作業をサポートするための記号です。「書式マーク」には、「改行」「タブ」「空白」など、いろいろな種類があります。

なお、「書式マーク」は、文書を印刷する際には表示されません。

文書編集の際には、「書式マーク」を表示しておくのが一般的ですが、非表示にもできます。

表示と非表示を切り替えるには、「書式マーク」ボタンをクリックして(①)、メニューから「書式マークの表示/非表示」をクリックします(②)。

「書式マーク」が表示のときは、「書式マークの表示/非表示」の左側にチェック(「v」のようなマーク)が入ります。

書式マークの表示切り替え

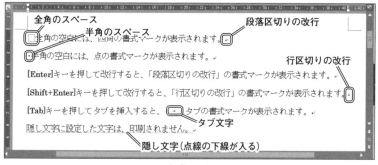

書式マーク

・2種類の改行

改行には、「段落区切りの改行」と「行区切りの改行」があります。

[Enter]キーを押して改行すると、カギ括弧のような形の書式マークが表示され、「段落区切りの改行」になります。この場合には、改行までの文章が、段落として扱われます。

[Shift + Enter]キーの操作で改行すると、下向き矢印の書式マークが表示され、「行区切りの改行」(単純に改行のみ)になります。

[2-2] 文字の編集

・隠し文字

「隠し文字」に設定された文字列は、編集時のみ表示され、印刷時には、印字されません。また、編集時に表示しないように設定することもできます。

「隠し文字」の機能は、編集の参考になるような情報を記入しておいたり、一部の内容を一時的に隠して印刷したりするときに使います。

文字列を「隠し文字」に設定するには、以下のように操作して、「フォント」ダイアログの設定を変更します。

[1] 文字列を選択してから(①)、その文字列を右クリックして(②)、メニューから「フォント」をクリック(③)。

「フォント」ダイアログを開く操作

[2] 「フォント」ダイアログの「効果」欄の「隠し文字」をクリックして、チェックボックスをオンにする(①)。「OK」ボタンをクリックしてダイアログを閉じる(②)。

「効果」欄の設定による印刷のイメージは、「プレビュー」欄で確認できます。

「隠し文字」の設定を解除するときは、効果欄の「隠し文字」のチェックボックスをオフにします。

> **Memo ショートカットキー**
> 「フォント」ダイアログを開く：[Ctrl + D]

「フォント」ダイアログの設定

第2章 Writer

・書式マークの表示設定
　「書式マーク」は、種類毎に表示と非表示を設定できます。

[1]「ファイルタブ」ボタンをクリックして、メニューから「オプション」をクリック。

[2]「設定」ダイアログの「表示」セクションを開き(①)、「書式マーク」欄の各項目を設定する(②)。設定できたら、「OK」ボタンをクリックして、ダイアログを閉じる(③)。

「ファイルタブ」のメニュー

　「書式マーク」欄で、チェックボックスがオンになっている項目は、編集画面に表示されます。表示しない「書式マーク」の項目は、オフにします。
　「すべて」のチェックボックスをクリックすると、すべての「書式マーク」のオン/オフをまとめて切り替えることができます。

「設定」ダイアログの「表示」セクション

≪段落レイアウトの編集≫
・「段落レイアウト」ボタンの表示切り替え

　「書式マーク」ボタンをクリックして(①)、メニューから「段落書式のアシスタント」をクリックすると、「段落レイアウト」ボタンの表示と非表示を切り替えることができます(②)。
　「段落レイアウト」ボタンは、編集画面のカーソル行の左側に表示されます。

[2-2] 文字の編集

・段落レイアウトの操作

「段落レイアウト」の機能を使うと、編集カーソル位置の段落を操作対象として、レイアウトを素早く変更できます。

[1]段落の左の「段落レイアウト」ボタンをクリックする。

「段落レイアウト」ボタンをクリックすると、段落がグレーの表示になって選択されます。

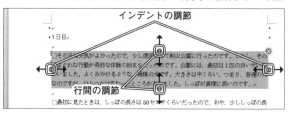

「段落レイアウト」ボタン

[2]上または下のハンドルを上下にドラッグして、段落の行間を調節する。左または右のハンドルをドラッグして、段落のインデント(字下げ)を調節する。

レイアウトの編集操作

選択範囲の上下左右には、移動可能なハンドルのマークが表示されます。インデントとは、文章の書き出しの位置をズラすこと。一般に、縦書きの文章では下に、横書きの文章ででは右にズラします。

[3]レイアウトの編集操作が完了したら、選択範囲右上の「×」(閉じる)ボタンをクリックして、段落の選択を解除する。

選択範囲の解除

[Esc]キーを押して、選択を解除することもできます。

・段落書式のリセット

「段落レイアウト」ボタン右側の「▼」をクリックして、メニューから「段落設定のリセット」をクリックすると、変更した段落書式を解除して、元の状態に戻ります。

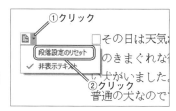

第2章 Writer

●タブ

≪「タブ」とは≫

　「タブ」とは、語句の前に挿入する空白のこと。

　「タブ」は、語句の間に一定の空白を入れたり、箇条書きの項目を揃えたりする目的で挿入します。

　「タブ」を入れる基本操作は、カーソルを語句の直前に合わせてから、キーボードの[Tab]キーを押します。

　複数行の箇条書きの題目があって、「タブ」を挟んで同じ行にその題目に対応する語句を記入するような場合に、「タブ」の空白に続く語句の位置が揃わなかったり、語句の種類や状態に適合しなかったりすることがあります。

　語句の位置が正しく揃っていないと、文書の見栄えが悪くなったり、読みにくくなったりします。

　このような場合に、ツールバーの「タブ」機能を使うと、語句の状態に合わせて、詳細な「タブ」の書式を設定できます。

▼ 不適切なタブの例

桃 → 山梨県	横浜 → 1680
ブドウ → 山梨県	神戸 → 58
苺 → 栃木県	大阪 → 275
スイカ → 熊本県	福岡 → 1790
右側の語句の位置が揃っていない	数値の1桁目が揃っていない

Memo　文字列にタブを挿入すると、右向きの小さな矢印の書式マークが表示されます。この書式マークのことを「タブ文字」と呼びます。

≪ルーラーを表示する≫

　タブで語句を揃える際には、「ルーラー」の位置を設定します。「ルーラー」とは、編集画面の上部と左に表示される目盛りです。

　「ルーラー」の目盛りは、標準に設定されているフォントのサイズが基準になっています。

[2-2] 文字の編集

「ルーラー」が非表示のときに、編集画面右上の「ルーラー」ボタンをクリックすると、「ルーラー」を表示します。
「ルーラー」ボタンをクリックするたびに、「表示」と「非表示」が切り替わります。

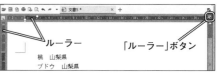
ルーラーと「ルーラー」ボタン

≪「タブ」ダイアログの設定≫

タブの挿入手順には、いくつかの操作方法がありますが、ここでは箇条書きの項目に対して、先にキー操作でタブを入れてから、そのタブを揃えるという方法で調整する手順を説明します。

[1] 前の文字列を入力してから、キーボードの [Tab] キーを押す。タブの挿入に続けて、後ろの語句を入力する。

[2] タブ揃えの対象とする範囲を選択して(①)、ツールバーの「タブ」ボタンをクリック(②)。

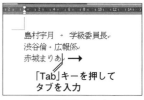
タブと語句の入力

対象範囲の先頭から最後の位置まで斜め方向にドラッグして、箇条書きの文字列を選択します。
また、対象範囲の先頭をクリックしてカーソルを置いてから、[Shift]キーを押しながら[↓]キーまたは[→]キーを押して、文字列を選択することもできます。

範囲の選択

[3]「タブ」ダイアログの「タブの位置」欄に、語句を揃えるルーラー位置の数値を入力する(①)。
「位置揃え」欄から、ラジオボタン(丸い選択ボタン)をクリックして、位置揃えの種類を選択する(②)。準備ができたら「OK」ボタンをクリック(③)。

「タブ」ダイアログ

「タブの位置」欄に入力する数値で、「ルーラー」の位置を指定します。タブに続く語句は、ここで入力した標準文字数の位置に揃います。

＊

たとえば「10.5」のように、小数点を含む数値を入力して、位置を微調整することもできます。

「位置揃え」欄は、タブに続く語句の種類に合った書式を選択します。

「位置揃え」欄で「左寄せ」を選択した場合には、タブに続く語句の最初の文字が、指定した「ルーラー」の位置に揃います。

「右寄せ」を選択した場合には、タブに続く語句の最後の文字が揃います。

「中央寄せ」を選択すると、「ルーラー」の位置を中央として語句が揃います。

タブに続く文字列が小数点を含む数値のときに、「位置揃え」欄で「小数点寄せ」を選択すると、指定した「ルーラー」の位置に小数点が揃います。

▼「タブ」ダイアログによる設定例

語句の「左寄せ」と「右寄せ」　　　語句の「中央寄せ」と「小数点寄せ」

「タブ」ダイアログ下段の「リーダー」は、タブの空白部分に、「線」「点線」「破線」などを入れる書式です。「リーダー」を入れる場合は、「リーダー」欄のラジオボタンをクリックして、種類を選択します。

●左寄せ／中央寄せ／右寄せ

「寄せ」とは、特定の位置に文字列を揃えるレイアウトの機能で、基本的に「左寄せ」「中央寄せ」「右寄せ」の3種類の方法があります。

「寄せ」の操作は、編集画面上のカーソル位置の段落が対象になります。複数の段落が選択されているときは、その選択範囲が対象になります。

[2-2] 文字の編集

「左寄せ」「中央寄せ」「右寄せ」のそれぞれのボタンをクリックすると、対象となる文章の配置が変わります。

「寄せ」の例

● 両端寄せ

「両端寄せ」は、字間を自動調節して、行末に空白が残らないようにレイアウトする書式です。

「左寄せ」と「両端寄せ」の比較

日本語の文章ではあまり効果がありませんが、英文や英語の混じった文章などを見栄え良くできます。

文字数の少ない行を「両端寄せ」にすると、字間が開いて見栄えが悪くなる場合があります。「両端寄せ」は、レイアウトのバランスを考えながら設定する必要があります。

「両端寄せ」ボタンをクリックすると、カーソル位置の段落が「両端寄せ」になります。

● 均等割付

「均等割付」(きんとうわりつけ)は、すべての行の字間を等間隔に調節して、文字列を両端に揃える書式です。

「均等割付」では、途中で改行されている行の文字列も、字間を広げて両端に揃えます。

「均等割付」ボタンをクリックすると、カーソル位置の段落が「均等割付」になります。

右図下の「均等割付」の結果は、「両端寄せ」と似ていますが、2行目も字間が広がっていて、行末に空白がありません。

「左寄せ」と「均等割付」の比較

段落の最終行の文字数が少ない場合に「均等割付」を設定すると、字間が広がって見栄えが悪くなる場合があるので、注意してください。

●行間

「行間」は、「行と行の間隔」を調節する機能です。

操作方法は、ツールバーの「行間」ボタンをクリックして(①)、メニューから数値を選択します(②)。文字列が未選択のときは、カーソル位置の段落が操作対象になります。

行間を変更する操作

複数の段落の行間を変えたい場合は、先に対象とする文章を選択してから「行間」の操作を行ないます。

> ※「行間」の数値は、「標準」に設定されているフォントのサイズが基準になります。
> 「行間」の初期値は「1.0」です。

行間の変更例

[2-2] 文字の編集

● 網掛けの色

≪背景色を変える≫

「網掛けの色」は、文字列の背景色を変える機能です。

「網掛けの色」ボタン右の「▼」マークをクリックして(①)、色をクリックして選択すると、網掛け(文字の背景色)が選択した色に変わります(②)。

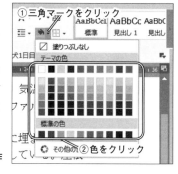

文字列の背景色を設定する操作

文字列を選択していないときは、カーソル位置の段落が網掛けの対象になります。ドラッグ操作などで文章の範囲を選択すると、その範囲に含まれる段落が対象になります。

色を選択すると、「網掛けの色」ボタンに選択色が表示されます。続けて「網掛けの色」ボタンをクリックすると、他の文字列の背景を同じ色に変更できます。

「網掛けの色」ボタンの色表示

≪背景色を消す≫

設定した背景色を消したい場合は、「網掛けの色」ボタン右の「▼」マークをクリックして(①)、メニューから「塗りつぶしなし」をクリックします(②)。

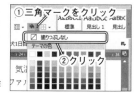

「網掛けの色」を消す操作

● 罫線

≪罫線の記入≫

文字列に「罫線」(けいせん)を書き加えます。

まず罫線を記入する文字列の範囲を選択します(①)。

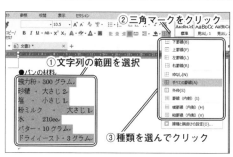

罫線を追加する操作

第2章 Writer

次に「罫線」ボタン右の「▼」をクリックして(②)、追加する罫線の種類を選んでクリックすると、文字列を囲む罫線が表示されます(③)。

なお、ここで選んだ罫線の種類は、「罫線」ボタンの表示に反映されます。

「罫線」ボタンをクリックすると、ボタン表示と同じ種類の罫線が記入されます。

罫線の記入例

> **Memo** ツールバーの「罫線」ボタンで設定できるのは、簡易的な罫線の記入および設定ずみの罫線の線種変更です。詳細な罫線の設定方法については、後述します。

≪罫線を消す≫

罫線を消したいときは、文字列の範囲を選択してから、「罫線」ボタン右の「▼」をクリックして(①)、メニューから「枠無し」をクリックします(②)。

罫線の消去

■ 文章をコピーする

● コピー操作

≪コピーとクリップボード≫

他の文書や同じ文書内から、内容の一部分をコピー&ペーストする操作は、よく行なわれる基本操作の1つです。

コピーの操作を行なうと、選択した文字列の情報が「クリップボード」に入ります。

「クリップボード」とは、コンピュータのメモリに、一時的に情報を保持する機能です。「クリップボード」には、1つの情報しか入りません。

常に最後にコピー操作を行なったときの情報が保持されます。

[2-2] 文字の編集

≪操作方法≫
　コピーする文字列を選択してから、メニュータブ「ホーム」のツールバーの「コピー」をクリック。

> **Memo** ショートカットキー
> コピー：[Ctrl + C]

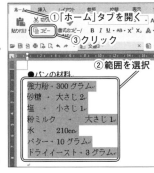

コピー操作

● ペースト操作

　「ペースト」とは、コピーしたデータを貼り付ける操作のことです。「ペースト」は、「コピー」の操作に続けて行なう必要があります。

　Windowsに付属の「メモ帳」のような、文字列の編集のみを行なうソフトのことを「テキスト・エディター」と呼びます。
　たとえば、「メモ帳」で文章のコピー&ペーストの操作をする場合には、単純に「テキスト」のデータのみを扱います。

　一方、「Writer」などのワープロソフトでは、「テキスト」と同時に、「フォント」や「サイズ」「色」などの「書式データ」を扱います。
　このため、「ペースト」(貼り付け)操作をするときには、「書式データ」を取捨選択して、どのように扱うかを決める必要があります。
　　　　　　　　　　　　　　　＊
　文章のペーストの基本操作には、次の3種類の方法があります。

① 元データをそのままペースト
　コピー元の書式を含んだデータをそのままペーストします。

[1]編集画面上のペーストする位置をクリック。

[2]メニュータブ「ホーム」のツールバーの「貼り付け」ボタンをクリック。

第2章 Writer

> **Memo** ショートカットキー
> ペースト：[Ctrl + V]

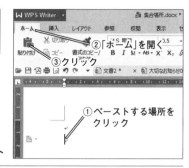

元データをそのままペースト

② テキストデータだけをペースト
　コピー元の書式を含まないテキストだけのデータをペーストします。

[1] 書式を含んだ文字列をコピーする。

[2] 編集画面上のペーストする位置をクリック。

[3] メニュータブ「ホーム」のツールバーの「貼り付け」ボタン下部の「貼り付け▼」をクリック。

[4] メニューから「書式のないテキスト」をクリック。

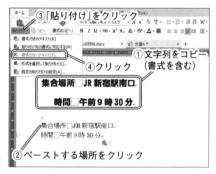

テキストだけをペーストする操作

③ ペースト先の書式に結合
　ペースト先の段落に書式が設定されている場合には、その書式に合わせてテキストをペーストできます。

[1] 文字列をコピーする。

[2] 編集画面上のペーストする位置をクリック。

[3] ツールバーの「貼り付け」ボタン下部の「貼り付け▼」をクリック。

[2-2] 文字の編集

[4]メニューから「貼り付け先の書式に対応する」をクリック。

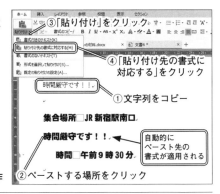

ペースト先の書式に結合させる操作

■ 文字列を移動する

記入ずみの文字列を移動するには、次の2種類の方法があります。
・文字列を選択して、ドラッグして移動
・文字列を切り取って、移動先にペースト操作

● ドラッグして移動

ドラッグによる文字列の移動は、主に移動距離が短い場合に有効な操作方法です。

文字列の書式を含めて、そのまま移動します。

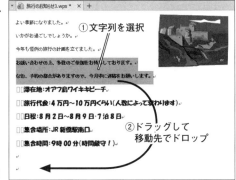

ドラッグ操作による文字列の移動

[1] 移動する文字列を選択。
[2] 択範囲をドラッグして、移動先でドロップ。

● 切り取ってペースト

「切り取り」は、編集画面上で選択された情報(文字列、書式、画像など)を消去すると同時に、その情報をクリップボードに取り込む操作です。

この操作は、元のページから離れたページに文字列を移動させるときに素早く操作できます。

第2章 Writer

　文字列の「切り取り」をしてから、「貼り付け」ボタンの上側（アイコン部分）をクリックすると、書式を含んだペースト操作になります。

　また、「貼り付け」ボタンの下側（「貼り付け」の文字があるところ）をクリックして、メニューから「書式を含める」「テキストのみ」「ペースト先の書式に結合」の3項目から操作を選択できます。

　「切り取り」操作による文字列の移動は、以下の手順で操作します。

[1] 移動する文字列を選択。

[2] 「ホーム」ツールバーの「切り取り」をクリック。

[3] 移動先の場所をクリック。

[4] 「貼り付け」の操作をする。

> **Memo　ショートカットキー**
> 切り取り：[Ctrl + X]
> 貼り付け：[Ctrl + V]

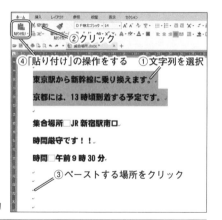

「切り取り」による文字列の移動

■ 書式をコピーする

　特定の文字列の書式を他の文字列に適用して、同じ書式にしたいときは、「書式のコピー/貼り付け」の操作を行ないます。

[1] コピー元の書式を含んだ文字列をクリック。

[2] 「ホーム」ツールバーの「書式のコピー/貼り付け」ボタンをクリック。
　書式をコピーすると、「書式のコピー/貼り付け」ボタンの色が青になり、ポインタの表示が、「書式のコピー/貼り付け」ボタンと同じ図柄になります。

[2-2] 文字の編集

[3]書式を貼り付ける文字列をドラッグして選択。

貼り付け先の文字列を選択すると、即座に書式の貼り付けが完了します。

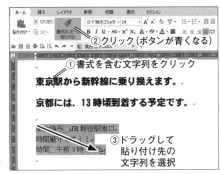

書式のコピー操作

■ 書式のクリア

文字列に設定した書式情報をすべて消したい場合は、文字列を選択してから、「ホーム」ツールバーの「書式のクリア」ボタンをクリックします。

この操作をすると、文字列は「書式」の無い表示に戻ります。

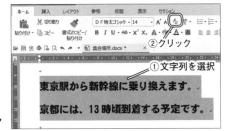

書式のクリア

■「スタイル」による書式設定

●「スタイル」とは

「スタイル」とは、「フォントの種類」「文字サイズ」「各種文字装飾」などの書式をひとまとめの情報として保存して、その書式情報を文字列に適用する機能です。よく使う書式設定を素早く文字列に適用させることができます。

*

「ホーム」ツールバーの「スタイル」ボタンをクリックすると、ボタンに水色の枠が表示され、そのスタイルが文字列に適用されます。

「スタイル」ボタン右端の小さな「▼」ボタンをクリックすると、他の「スタイル」ボタンを表示できます。

「スタイル」ボタン

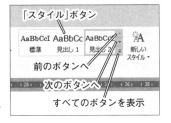

第2章 Writer

●スタイルの適用と文字入力

スタイルの適用には、3種類の操作方法があります。

①先にスタイルを選択してから入力する

使いたい書式の「スタイル」ボタンをクリックしてから文字の入力を始めると、そのスタイルが適用されます。

②段落のスタイルを変更する

特定の段落上にカーソルがあるときに「スタイル」ボタンをクリックすると、その段落全体に選択したスタイルが適用されます。

③選択範囲のスタイルを変更する

先に文字列を選択してから「スタイル」ボタンをクリックすると、その文字列のみにスタイルが適用されます。

●「スタイル」ボタンの書式を変更する

各「スタイル」ボタンの書式設定は、内容を変更できます。また、独自の新しい「スタイル」ボタンを追加することもできます。

同じスタイルを適用した文字列は、一括して書式設定を管理できます。
たとえば、「見出し1」の「スタイル」ボタンの設定を変更すると、「見出し1」のスタイルが適用されているすべての文字列に変更内容が反映されます。

なお、スタイルの書式の変更後に、元のスタイルに戻したい文字列がある場合には、個別に修正する必要があります。

[1]変更する「スタイル」ボタンを右クリックして(①)、コンテキストメニューから「スタイルの変更」をクリック(②)。

スタイルの変更の開始

[2-2] 文字の編集

[2]「スタイルの変更」ダイアログの「書式」で、フォントの種類やサイズなどを設定して(①)、「OK」ボタンをクリック(②)。

「スタイルの変更」ダイアログ

> **Memo 「テンプレートに追加」のチェックボックス**
>
> 「スタイルの変更」ダイアログの「テンプレートに追加」のチェックボックスがオフの場合は、設定の変更内容は、編集中の文書の「スタイル」ボタンのみに反映されます。
> このチェックボックスをオンにすると、「Writer」の「スタイル」ボタンの標準として設定が保存され、新規文書を作成するときの「スタイル」ボタンに表示されます。

● 「スタイル」ボタンを追加する

新規に「スタイル」ボタンを設定して、ツールバーに追加します。

[1]「新しいスタイル」ボタンをクリックして、「新しいスタイル」ダイアログを開く。

「新しいスタイル」ボタン

[2]「プロパティ」の「名前」欄に適当なスタイルの名前を入力する(①)。「書式」欄で、フォントの種類やサイズなどを設定して(②)、「OK」ボタンをクリック(③)。

新しく追加した「スタイル」ボタンは、最後尾に追加されます。

「スタイル」ボタンの右端の▼ボタンをクリックすると、追加した「スタイル」ボタンを表示して選択できます。

「新しいスタイル」ダイアログ

第2章 Writer

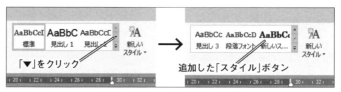

追加した「スタイル」ボタンの表示

●「スタイル」ボタンに箇条書きを設定する

「スタイルの変更」または「新しいスタイル」ダイアログで、「次の段落のスタイル」を「箇条書き」に設定すると、文字列を入力してから改行した直後に、箇条書きの入力を素早く開始できます。

次の手順で、箇条書き用のスタイルを追加します。

[1]「新しいスタイル」ボタンをクリック。

「新しいスタイル」ボタン

[2]「次の段落のスタイル」欄をクリックして、リストから「箇条書き」をクリック。

[3] 準備ができたら「OK」ボタンをクリックする。

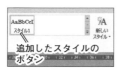

追加したスタイルのボタン

「新しいスタイル」ダイアログ

●「スタイル」ボタンから素早く箇条書きを開始する

箇条書きを設定した「スタイル」ボタンをクリックしてから、入力を開始すると、その次の行から自動的に箇条書きの記号が文頭に入ります。

[2-2] 文字の編集

箇条書き項目の入力を終了するときは、最後の項目を入力して、「Enter」キーを押して改行した後に、「BackSpace」キーまたは「Enter」キーを押します。

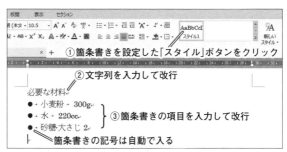

「スタイル」ボタンによる箇条書き

●「スタイル」ボタンの削除

ユーザーが追加した「スタイル」ボタンを削除するには、「スタイル」ボタンを右クリックして、メニューから「スタイルの削除」をクリックします。

なお、最初から組み込まれている「スタイル」ボタンは削除できません。

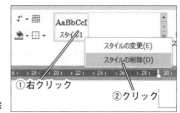

「スタイル」ボタンの削除

■ 元に戻す／やり直し

「元に戻す」は、最後に行った操作を取り消して、直前の状態に戻す操作です。「やり直し」は、「元に戻す」の操作を取り消す操作です。

「元に戻す」と「やり直し」の操作は、クイックメニューバーのボタンをクリックします。

> **Memo ショートカットキー**
> 元に戻す：[Ctrl + Z]　やり直し：[Ctrl + Y]

「クイックメニューバー」の「やり直し」と「元に戻す」ボタン

■ 文字列の検索と置換

●検索

文章の中から特定の文字列を探すには、以下の手順で操作します。

[1]「検索と置換」ボタンをクリック。

「検索」ボタンのアイコンのところをクリックします。

「検索」ボタン

第2章 Writer

[2]「検索と置換」ダイアログの「検索」タブで、「検索の文字列」に探したい文字列を入力して(①)、「次を検索」ボタンをクリックする(②)。

入力した文字列を検索して、見つかった文字列は、グレー表示の選択された状態になります。

検索を続ける場合は、繰り返し「次を検索」ボタンをクリックします。
「次を検索」ボタンの代わりに、「Enter」キーを押して検索することもできます。
カーソルのある位置よりも、前の文字列を検索する場合は、「前へ」ボタンをクリックします。

> **Memo** ショートカットキー
> 検索：[Ctrl + F]　「検索と置換」ダイアログを閉じる：[ESC]

● 文字列を確認しながら置換

「置換」とは、検索して見つけた文字列を他の文字列に置き換える操作です。通常の編集方法で特定の文字列を置換するには、「文字列を検索する」「文字列を選択する」「新しい文字列を入力する」という3段階の操作が必要です。

同じ文字列を多くの箇所で置換する際に、1つずつ探して編集すると、非常に時間がかかります。そこで、「置換」機能を使うと、多数の置換操作を連続的に素早く行なうことができます。

「置換」の操作には、文字列を1つずつ確認しながら置換する方法と、すべての対象文字列を一括して置換する方法があります。
文字列を確認しながら置換するには、以下の手順で操作します。

[1]「検索」ボタン下部の「検索と置換」をクリックして(①)、メニューから「置換」をクリック(②)。

「検索と置換」のメニュー操作

[2]「変換と置換」ダイアログの「置換」タブで、「検索の文字列」欄に検索する文字列を入力する(①)。「置換後の文字列」欄に、見つけた文字列から置き換える文字列を入力する(②)。

「置換」ボタンをクリックして、文字列が見つかったら(③)、もう一度「置換」ボタンをクリックする(④)。

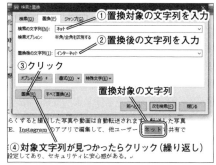

置換文字列の入力と操作

「置換」ボタンをクリックすると、次の文字列を検索して、対象文字列が選択された状態になります。このときに、置換しないで次の文字列を探す場合は、「次を検索」ボタンをクリックします。

● すべて置換

「変換と置換」ダイアログの「置換」タブで、「すべて置換」ボタンをクリックすると、文書に含まれるすべての対象文字列を置換します。

「すべて置換」ボタン

≪「すべて置換」の注意点≫

「すべて置換」の操作では、置換作業が短時間に完了しますが、置換の不要な文字列が置換されてしまう場合があるので、注意が必要です。

たとえば、「ネット」という文字列を「インターネット」という文字列に置換する場合に、その文書に「インターネット」という文字列が含まれていると、置換後には「インターインターネット」となってしまいます。

もし、このような置換ミスがあったときは、「インターインターネット」を検索して、「インターネット」に置換することで修正できます。

≪検索のオプション≫

文字列の検索や置換では、通常は上から下へ検索しますが、下から上へ検索したい場合は、「オプション」の設定を変更します。

第2章 Writer

「オプション」ボタンをクリックすると、隠れていた設定項目が表示されます(①)。

下から上へ検索するには、「オプション」の「検索」欄をクリックして(②)、メニューから「上へ」をクリックします(③)。

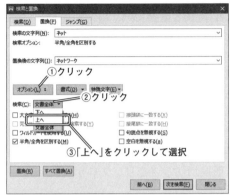

上方向に検索する際の「オプション」設定

なお、この設定で「上へ」または「下へ」を選択すると、「すべて置換」の操作による置換対象を、カーソル位置から上または下に限定できます。

2-3 レイアウトを整える

■ 余白の設定

余白を少なくすると、1ページあたりの文字数を増やせますが、適度な余白があったほうが、文書は読みやすくなります。

文書ファイルを新規作成すると、標準設定に従って、文書に余白が設けられますが、余白の大きさは、文書内容に応じて変更できます。

余白を変更するには、「レイアウト」ツールバーを開いて、「余白」ボタンをクリックし、メニューから余白の設定を選択します。

色が付いている余白のメニュー項目は、現在選択されている余白設定です。

より詳細に余白の大きさを変更したい場合は、メニューから「ユーザー設定」をクリックして、「ページ設定」ダイアログの「余白」設定を変更します。

[2-3] レイアウトを整える

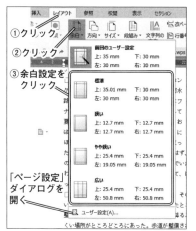
「余白」ボタンのメニュー

「ページ設定」ダイアログの「余白」設定

■「ルーラー」によるインデント操作

●「インデント」とは

「インデント」とは、文章の行頭に空白を挿入して、文字列の位置を設定することで、「字下げ」とも呼びます。

「Writer」などのワープロソフトでは、行末にも空白を設けて位置調整をすることがあるので、行頭のインデントを「左インデント」、行末のインデントを「右インデント」と呼んで区別します。

●「ルーラー」の表示

「ルーラー」の基本的な役割は1行の文字数を示す目盛りですが、「ルーラー」にはインデントを調整する機能があります。

「ルーラー」が非表示の場合は、編集ウィンドウ右上の「ルーラー」ボタンをクリックして、ルーラーを表示させます。

「ルーラー」ボタンは、クリックするたびに表示と非表示が切り替わります。

ルーラーの表示

第2章 Writer

●インデントマーカーの操作

ルーラー上には、左右にそれぞれ「インデントマーカー」があります。

それぞれのマーカーを左右にドラッグすると、ルーラー上を移動させることができます。

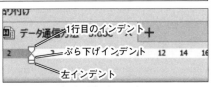

左インデントマーカー

「左インデントマーカー」は上中下の3段に分かれていて、ドラッグする部分によって、異なるインデントを設定できます。上段は「1行目のインデント」[※]、中段は「ぶら下げインデント」、下段は「左インデント」を行ないます。

> ※ 「Writer」では、「1行目のインデント」は「字下げ」という名称になっていますが、本書では「Microsoft Office」にならって、「1行目のインデント」と呼ぶことにします。

≪段落のインデント≫

段落の左側の位置を調整するには、段落を選択してから(①)、「左インデントマーカー」下段の「左インデント」をドラッグします(②)。

「左インデント」のドラッグ操作では、3段のインデントマーカーが連動します。

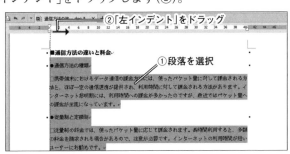

「左インデント」の操作

インデントの操作を行なうと、選択範囲がインデント位置に移動します。

「左インデント」の結果

[2-3] レイアウトを整える

　行頭を右にインデントすると、1行あたりの文字数が減るので、文章の行数が増える場合があることに留意してください。

　インデントの結果を確認し、必要に応じてレイアウトの修正を行なってください。

≪1行目のインデント≫

　「インデントマーカー」の「1行目のインデント」をドラッグすると、各段落の1行目だけをインデントします。

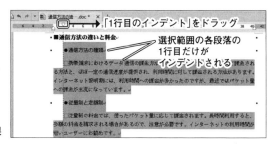

「1行目のインデント」の結果

● ぶら下げインデント

　「インデントマーカー」の「ぶら下げインデント」をドラッグすると、各段落の2行目以降の文字列をインデントします。

　「ぶら下げインデント」のドラッグ操作では、下段の「左インデント」が連動します。

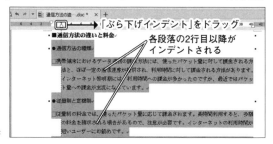

「ぶら下げインデント」の結果

■ ルーラーでタブ位置を揃える

● ルーラーの「タブ」ボタン

　タブとは、文字列間に挿入する空白です。スペースキーで入力する、通常の空白文字の幅は、常に1つで1文字ですが、タブでは設定の変更により、1つのタブ幅を自由に変更できます。

「タブ」ボタンと選択メニュー

第2章 Writer

　ルーラーの「タブ」ボタンをクリックすると、メニューが表示され、タブの揃え方を選択できます。「タブ」ボタンには、選択した揃え方の記号が表示されます。タブの揃え方の選択と、インデントマーカーの操作によって、レイアウトを整えることができます。

> **Column　パソコン用語における2種類のタブ**
>
> 　文具の手帳やルーズリーフなどで、特定のページを素早く開くために、ページから飛び出した紙片やシールを付けることがあり、この飛び出した部分をタブと呼びます。
>
> 　これに由来して、PCのソフトでは、1つの画面で機能や項目などの表示を切り替えるときのボタンとして、タブを設ける場合があります。たとえば、Writerで複数の文書を開いているときは、表題のタブをクリックして、表示する文書を切り替えることができます。
>
> 　一方、文書の中で使用するタブは、空白を入れるための文字の一種です。こちらのタブは、"tabulator"（タビュレーター）を略したもので、「表(table)を作る機能」という意味です。文中のタブは、複数の項目を分けるためのもので、キーボードの「Tab」キーを押して入力します。
>
> 　同じ用語なのに、2つの意味があって紛らわしいのですが、実は意味がまったく異なる言葉なのです。

●左揃えタブ

　文中のタブを揃える操作手順には、先にタブ位置を設定してから文字列を入力する方法と、入力ずみのタブを後から揃える方法があります。

≪先にタブ位置を設定して入力≫

　箇条書きなどの文字列の区切りにタブを入れて、タブに続く文字列を左に揃える場合は、「タブ」ボタンから「左揃えタブ」を選択します。

　ルーラー上で、タブを揃えたい位置の数字の直下（細いグレーの領域）をクリックすると、ルーラーにL字型の「左揃えタブ」のマークが入ります。「左揃えタブ」のマークは、非常に小さいですが、注意深く見れば分かると思います。

なお、ルーラー上のタブのマークは、左右にドラッグして移動できます。

最初の文字列を入力した後に「Tab」キーを押すと、次の文字入力は「左揃えタブ」のマークの位置から始まります。

続けて次の行を入力すると、タブ以降の文字列は設定したタブの位置に揃います。

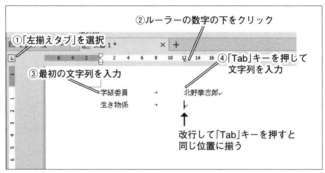

先にタブ位置を設定する入力手順

≪入力ずみのタブを揃える≫

すでに入力されているタブを揃えたい場合は、まずタブを含んだ文字列の対象範囲を選択します。その後にルーラーの数字の下をクリックすると、その位置にタブが揃います。

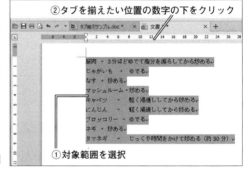

入力ずみのタブを揃える手順

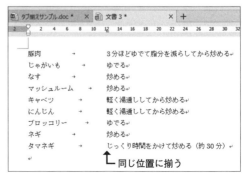

入力ずみのタブを揃えた結果

第2章 Writer

● その他のタブ揃え

　タブの揃え方を変えたい場合は、ルーラーの「タブ」ボタンから「中央揃えタブ」や「右揃えタブ」を選択します。

　また、「小数点揃えタブ」を選択すると、小数点を含んだ数値のタブ項目を小数点の位置に揃えることができます。
　操作手順は「左揃えタブ」と同じです。

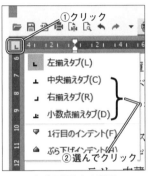

タブの揃え方の変更

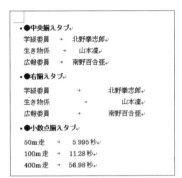

その他のタブ揃えの例

■ 文書にページ番号を入れる

● ヘッダーとフッター

　「ヘッダー」は、ページの本文の上の領域です。
　「フッター」は、ページの本文の下の領域です。

　「ヘッダー」と「フッター」で扱う文字列は、本文とは区別して設定します。

ヘッダーとフッター

[2-3] レイアウトを整える

●「ヘッダー」と「フッター」の表示切り替え

本文を編集する際に、「ヘッダー」と「フッター」を一時的に非表示にすると、本文の編集領域を広く表示できます。

あるページと、その次のページの境界領域にポインタを合わせると、ポインタの表示が上下の矢印の図柄に変わります。

境目の領域をクリックすると、「ヘッダー」と「フッター」の表示と非表示が切り替わります。

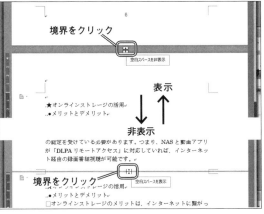

「ヘッダー」と「フッター」の表示（上）と非表示（下）

●ページ番号を入れる

ページ番号は、「ヘッダー」と「フッター」のどちらでも扱うことができますが、「フッター」に入れるのが一般的です。

「ヘッダー」と「フッター」には、ページの通し番号を素早く設定できます。

＊

ページ番号を入れるには、以下の手順で操作します。

[1]「挿入」タブをクリックする（①）。「ページ番号」ボタンが表示されていない場合は、ツールバー右端のボタンをクリック（②）。

「挿入」ツールバーの表示

ツールバーの左右端のボタンをクリックすると、ボタンが横に移動して、ツールバーに表示されていないボタンを表示できます。

また、端のボタンを押したままにすると、連続的に移動します。

第2章 Writer

[2]「ページ番号」ボタンをクリックして、「ページ番号」の選択メニューの「ヘッダー」または「フッター」から、ページ番号の配置を選択。

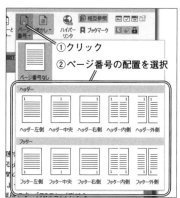
①クリック
②ページ番号の配置を選択

すべてのページの同じ位置に番号を入れる場合は、「フッター左側」「フッター中央」「フッター右側」のどれかを選択します。

「ページ番号」の選択メニュー

書籍のように見開きのページに番号を入れる場合は、「フッター内側」または「フッター外側」を選択します。一般的には、「フッター外側」を選択して、奇数ページが右側になるように設定します。

ページ番号

「フッター中央」に設定したページ番号の例

●ページ番号のフォントを変更する

≪「ホーム」ツールバーからページ番号のフォントを変更≫

「ヘッダー」や「フッター」のページ番号をクリックすると、番号の周囲に小さな四角いハンドルが表示され、ページ番号は「オブジェクト」として選択されます。

その状態で、数字をドラッグして選択します。

数字のドラッグ操作がやりにくい場合は、数字の左右のハンドルをドラッグして、ページ番号の範囲を広げると、ドラッグしやすくなります。

③フォントの種類やサイズなどを変更する
②「ホーム」タブを開く
①ページ番号を選択

ページ番号のフォント設定を変更

[2-3] レイアウトを整える

「ホーム」ツールバーでフォントの種類やサイズなどを変更して、ページ番号のフォントを設定します。

先頭ページのフォントを変更すると、同時にすべてのページ番号に変更が反映され、すべて同じ種類のフォントで表示されます。

【用語】オブジェクト

「オブジェクト」とは、編集画面などで、一まとめに扱える状態のデータのことです。

その内容は、単一だったり、複数のデータが含まれていたり、さまざまです。

また、「テキスト」や「画像」など、データの種類も、さまざまなものが扱われます。

選択されたオブジェクトは、コピーやドラッグ移動などの操作を行なうことができます。

≪「フォント」ダイアログからページ番号のフォントを変更≫

「フォント」ダイアログには、より詳細なフォントの設定項目があります。

まず、ページ番号をドラッグして選択します(①)。

その選択箇所を右クリックして(②)、コンテキストメニューから「フォント」をクリックすると、「フォント」ダイアログが開きます(③)。

「フォント」ダイアログを開く操作

「フォント」ダイアログで、「英数字用のフォント」のプルダウンメニューからフォントの種類を選択します。

「フォント」ダイアログ

第2章 Writer

■ ヘッダーとフッターにタイトルなどを入れる

●「ヘッダー」や「フッター」をアクティブにする

「ヘッダー」や「フッター」は、「ページ番号」以外にも、「文書のタイトル」「書籍名」「作者名」などの記載にも使われます。

「ヘッダー」や「フッター」の領域は、ページ中央の本文と区別して扱うので、「ヘッダー」や「フッター」を編集するには、その領域をアクティブ（編集可能な状態）にする必要があります。

ヘッダーを
アクティブにする操作

アクティブにする操作には、以下のような2種類の方法があります。
・ページ番号の入力操作など、「ヘッダー」や「フッター」に関連する機能を選択する。
・通常の編集状態のときに、「ヘッダー」や「フッター」の領域内をダブルクリックする。

●アクティブ状態の解除

「ヘッダー」や「フッター」の編集を終えて、通常の編集に戻すときは、中央の本文上のどこかをダブルクリックします。

また、「ESC」キーを押して戻すこともできます。

●ヘッダーの編集

「ヘッダー」や「フッター」の領域は、本文と同じように文字列を入力して編集できます。

「ヘッダー」がアクティブになっているときに、「ホーム」や「挿入」などのツールバーを表示して、各種編集操作ができます。

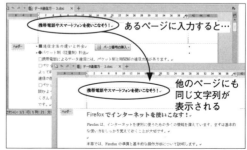

ヘッダーの入力

[2-3] レイアウトを整える

「ヘッダー」や「フッター」に文字列を入力すると、他のすべてのページにも同じ文字列が表示されます。

● 途中のページから「ヘッダー」を変える

ページの内容に合わせて、途中からヘッダーを変えたい場合は、「セクション」を設定します。

「セクション」とは、共通の書式設定などを使うグループです。

本文テキスト内の任意の位置で「セクションの分割」を行なうと、「セクション区切り」が挿入されます。

その位置以降の文章は改ページされ、次のページからは別の「セクション」に設定されます。

[1]「ヘッダー」を変えたいページの直前のページを開き、テキストの末尾に編集カーソルを置く(①)。

「セクション」ツールバー(②)の「セクションの分割」ボタンをクリック(③)。

セクションを分割する操作

[2] 不要な改行や「改ページ」を削除する。

「セクション区切り」には、改ページの情報が含まれています。

改ページ情報が重複して空白のページが生じた場合には、余分な「改ページ」を削除してください。

不要な情報を削除

[3] 分割後の新しい「セクション」のページで、編集するヘッダー内をダブルクリックすると、「ヘッダーとフッター」のツールバーが表示される(①)。「前と同じヘッダー/フッター」ボタンをクリックして(②)無効にしてから(③)、「ヘッダー」を編集する(④)。

第2章 Writer

新しいセクションのヘッダー編集

　ヘッダー枠の右下に「前のセクションと同じ」と表示されている場合は、「ヘッダー」を編集すると、その前の「セクション」にも編集内容が反映される状況になっています。

　新しい「セクション」以降の「ヘッダー」を、異なる「ヘッダー」にするには、「前のセクションと同じ」の表示が消えていることを確認してから、「ヘッダー」を編集してください。

■ ページを線で囲む

　ページを線で囲むと、そのページを際立たせる印象効果を与えることができます。

[1]「レイアウト」ツールバーを開いて(①)、「ページ罫線」ボタンをクリック(②)。

「ページ罫線」ボタン

[2]「罫線と網掛け」ダイアログの「ページ罫線」タブで、ページを囲む罫線を設定する。

　「線種と網掛けの設定」で、「囲む」ボタンをクリックして選択。「スタイル」から線の種類を選択する。

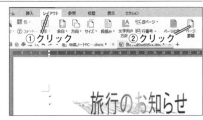

枠線の設定

[2-3] レイアウトを整える

「色」ボタンをクリックして、カラーパレットから色を選択する。「線の太さ」をクリックして、メニューから選択する。

「設定対象」のメニューから対象とするセクションを選択。

準備ができたら「OK」ボタンをクリックする。

囲み線の例

セクションの先頭ページのみに囲み線を入れる場合は、「設定対象」のメニューから「このセクションの1ページ目」を選択します。

「ページ罫線」タブ画面の「オプション」ボタンをクリックすると、「線種と網掛けのオプション」ダイアログが開きます(①)。「本文からの距離」の数値を変更して、枠を描く位置を調整できます(②)。

枠の位置の調整

■ 文書にページ番号を入れる

● テキストを段組にする

「段組」(だんぐみ)とは、1ページに表示するテキストのレイアウト方法です。

通常の編集ウィンドウは「一段」の段組です。1行の文字数を通常の約半分※にして、ページを縦に2分割するレイアウトは、「二段」の段組です。

ページを縦に分割すると、1行あたりの文字数が少なくなるので、読みやすくなります。

また、横長の用紙に印刷するような場合にも、段組の編集をすることが多いです。

「段組」ボタンの操作

第2章 Writer

　操作方法は、「レイアウト」ツールバー（①）の「段組」ボタンをクリックして（②）、メニューから「段数」を選択します（③）。

> ※ 二段の段組にすると、中央に余白が入るので、1行あたりの文字数は、通常時の半分よりも少なくなります。

≪セクション全体の段組≫

　テキストを選択していない状態で段組の操作を行なうと、編集中のページを含むセクション全体が段組になります。

段組の例（二段）

≪選択範囲の段組≫

　テキストの範囲を選択してから段組の操作を行なうと、選択範囲のみが段組になります。

　この操作方法では、同じページ内に異なる段組を設定できます。

選択範囲の段組

● 文書全体の段組を設定する

　「段組」ボタンのメニューから（①）、「段組の詳細設定」をクリックすると、「段組み」ダイアログでいろいろな段組を設定できます（②）。

　たとえば、「段数」の数値を増やせば、4段以上の段組にすることもできます。

「段組」ダイアログを開く操作

[2-3] レイアウトを整える

「既存の種類」欄から段数のボタンをクリックして選択します(①)。
また、「段数」欄の数値を変更して設定することもできます。

文書全体を同じ段組にする場合は(②)、「設定対象」のプルダウンメニューから「文書全体」を選択します(③)。

準備ができたら、「OK」ボタンをクリックします(④)。

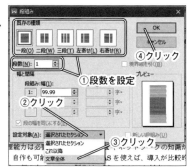

文書全体を段組にする設定

■「縦書き」の文書を作る

● 文書を「縦書き」にする

文書を「縦書き」に設定するには、「レイアウト」ツールバーを開き(①)、「文字列の方向」ボタンをクリックして(②)、メニューから「垂直方向に右から左へ」をクリックします(③)。

この操作により、新規文書の編集を縦書きで始めることができます。

また、作成ずみの文書を「縦書き」にすることもできます。

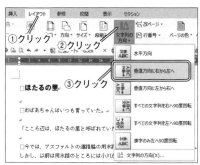

文書を「縦書き」の設定にする

縦書き文書の例

第2章 Writer

●「縦書き」の「半角文字」について

「縦書き」の文書に「半角文字」(英数字やカタカナ)を入力すると、「横向き」になってしまいます。これを「縦書き」にすることはできません。

「縦書き」の文書に英数字を入れる場合は、「全角文字」で入力する必要があります。

縦書きの全角文字と半角文字

■ アート文字

●「アート文字」を挿入する

「アート文字」は、文字に特殊なデザインを施して、見栄えのする華やかな文字を作る機能です。基本的な「アート文字」は、簡単な操作で素早く作れます。

[1]編集画面上で、「アート文字」にする文字列が選択された状態にする(①)。「挿入」ツールバーを開き(②)、「アート文字」ボタンをクリック(③)。「スタイル」の一覧から、文字列に使うスタイルを選んでクリックする(④)。

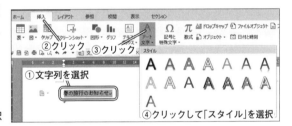

「アート文字」のスタイルを選択

[2]編集画面上の何もないところをクリック。

編集中の「アート文字」の周囲には、枠線が表示されます。

この枠線で囲まれた領域を「テキスト・ボックス」と呼びます。

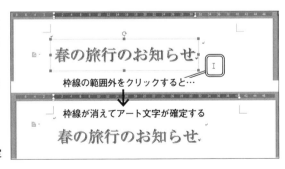

「アート文字」の確定

「テキスト・ボックス」内の文字列は、「アート文字」の装飾や効果を保ったまま、通常の文字と同じようにフォントの種類やサイズを変更できます。

枠線の範囲外をクリックすると枠線が消えて、文字列の「アート文字」が確定します。

「アート文字」を編集するときは、「アート文字」上をクリックすると、再び枠線が表示されます。

> **Memo テキスト・ボックス**
> 「テキスト・ボックス」は、文書内の任意の位置に文字列を配置する機能です。
> アート文字を作ると、文字列は自動的に「テキスト・ボックス」内に入りますが、「テキスト・ボックス」を先に作ってから、文字列を入力することもできます。
> 「テキスト・ボックス」の作り方については、後述します。

● 範囲の拡大と縮小

「アート文字」の「テキスト・ボックス」には、枠線上に8個の小さな四角いハンドルがあります。

「文字列の追加」や「フォントサイズを大きくする」場合は、枠線のハンドルを外側にドラッグして、範囲を拡大します。

「アート文字」の範囲拡大

● アート文字の回転

「テキスト・ボックス」の領域は、回転ハンドルをドラッグして、回転させることができます。

回転ハンドルの操作は、回したい方向に、円を描くようにドラッグします。

「アート文字」の回転

第2章 Writer

●アート文字の移動

「テキスト・ボックス」の枠線にポインタを合わせてドラッグすると、「アート文字」を移動させることができます。

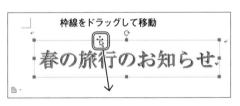
枠線をドラッグして移動

「アート文字」の移動

■ 文字の効果

●文字の効果の種類

「文字の効果」は、「アート文字」にさまざまな特殊効果を与える機能です。
「文字の効果」には、次のような種類があります。

影	文字に影を追加。	春の旅行 ←影
反射	文字が鏡などに反射しているような効果を与える。	春の旅行
光彩	文字の背景から、光を照射したような効果を与える。	春の旅行
3-D書式	文字を仮想的な立体として変形させて、いろいろな方向に置くようなイメージに。	春の旅行
変換	文字列の配置や形を変更。	春の旅行のお知らせ

[2-3] レイアウトを整える

● 文字の効果の操作

　文字に効果を与えるには、まず「テキスト・ボックス」を選択してから、効果の種類を設定するという手順で操作します。

　「文字の効果」の一例として、「変換」機能を使って、円弧に沿うような文字列にしてみましょう。

[1]「テキスト・ボックス」が選択されていない場合には、「テキスト・ボックス」の枠線をクリックして、「テキスト・ボックス」が選択された状態にする。

　「テキスト・ボックス」の枠線の位置をポイントすると、ポインタの形が十字の矢印に変わります。

　その変わる位置でクリックして、「テキスト・ボックス」を選択します。

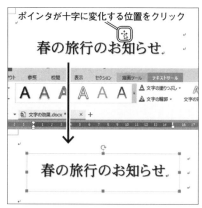

「テキスト・ボックス」の選択

　「テキスト・ボックス」が非表示のときに、枠線の位置が分かりにくい場合には、対象のテキストをクリックして枠線を表示させてから、枠線をクリックしてください。

　「テキスト・ボックス」を選択すると、ツールバーに「テキストツール」が表示されます。

[2]「文字の効果」ボタンをクリックして(①)、「変換」をポイント(②)。

　「効果」のリストから、変換方法を選んでクリックする(③)。

　図の例では、「変換」の効果から、「上円弧」を選んでいます。

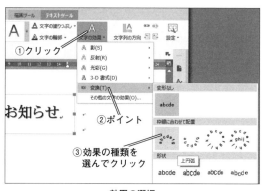

効果の選択

[3]枠線周囲のハンドルをドラッグして、文字列の「曲率」や「サイズ」を調節する。

「枠線」の「縦横比」や「サイズ」に連動して、文字列の表示が変化します。

「枠線」の横幅を小さくすると、曲がりが強くなります。

「枠線」が調節できたら、枠線の範囲外をクリックして、「テキスト・ボックス」の選択を解除します。

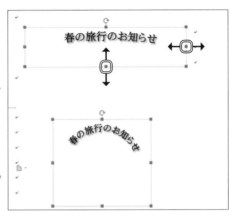

効果の選択

● 効果の取り消し

「文字の効果」ボタンの各効果のメニューには、設定した効果を取り消す項目があります。

たとえば、「変換」の効果を取り消す場合は、まず「テキスト・ボックス」を選択してから(①)、「変換」メニュー(③)の「変形なし」のボタンをクリックします(④)。

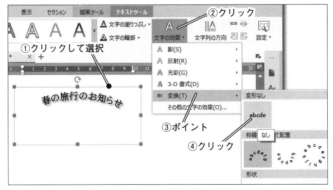

効果を取り消す操作

2-4 図形や画像の挿入

■ クリップアート

●「クリップアート」とは

「クリップアート」は文書にイラストを入れる機能です。「クリップアート」の中から、さまざまなイラストを選んで、文書に挿入できます。

＊

「クリップアート」に収録されている画像は、「ベクター形式」の画像です。

「ベクター形式」では、直線や円で構成される図形の集合によって画像を表現します。

そのため、「クリップアート」の画像は、サイズを拡大した場合でも、元画像の品質を保ったまま、文書に挿入できます。

●クリップアートを挿入する

[1]「挿入」ツールバーを開いて(①)、「クリップアート」ボタンをクリックすると、ワークウィンドウに「クリップアート」の操作画面が開く(②)。

「クリップアート」ボタン

[2]「ワークウィンドウ」の「クリップアート」のメニューを開いて(①)、イラストのジャンル名のフォルダをクリックして選ぶ(②)。

ジャンルの選択

[3] 編集画面で、イラストを挿入したい位置をクリックして、編集カーソルを合わせる(①)。

「クリップアート」の「プレビュー」に表示されたサムネイル画像をダブルクリック(②)。

第2章 Writer

ダブルクリックした画像が、編集カーソルが点滅している位置に挿入されます。

イラストの挿入

【用語】サムネイル画像
　画像データを取り扱うために、元の画像を縮小表示した画像のことを「サムネイル画像」または「サムネイル」と呼びます。

[4]イラストをクリックして、周囲のハンドルをドラッグし、サイズや角度を調節する。

　イラストをクリックすると、イラストの周囲にハンドルが表示されます。小さな四角は「サイズ変更」のハンドルで、上部中央にある円形の矢印は、「回転ハンドル」です。

　縦横比を維持したままサイズを変更する場合は、四隅のハンドルをドラッグします。
　上下左右のハンドルをドラッグすると、ドラッグした方向に大きさが変わります。
　上部の回転ハンドルを、左右または円を描くようにドラッグすると、イラストが回転します。

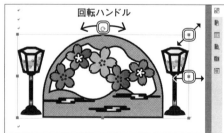

ハンドルの操作によるサイズ変更

[2-4] 図形や画像の挿入

●イラストを好きな位置に移動する

「図形」や「画像」などのオブジェクトに隣接するテキストの表示方法の設定を「折り返し」と呼びます。

「折り返し」の設定によって、イラスト配置の自由度が変化します。

オブジェクトの「折り返し」を「四角」に設定すると、イラストを好きな場所に配置できるようになります。

[1] イラストをクリックして選択すると、ツールバーに「図形ツール」が表示される(①)。「折り返し」ボタンをクリックして(②)、メニューから「四角」をクリック(③)。

「折り返し」の設定

[2] イラストをドラッグして、配置する場所にドロップ。

ドロップする位置がズレた場合は、再度ドラッグ操作して、位置を調節してください。

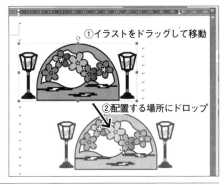

イラストの移動

●「折り返し」の種類

オブジェクトの「折り返し」には、次のような種類があります。

≪行内≫
編集カーソル位置の行に「クリップアート」を配置します。そのオブジェクトは、テキストと同等に扱うことができます。

第2章 Writer

「左寄せ」「中央寄せ」「右寄せ」などの操作で、配置を変更できます。

≪四角≫

イラストが収まるサイズの四角形として扱います。テキストは、イラストをよけて表示されます。

≪外周≫

イラストの周囲に沿って、緊密にテキストを表示します。

右図は、「外周」の状態を分かりやすくするために、図形(三角形)を挿入しています。この例では、三角形の斜面に沿って、テキストが配置されています。

≪背面≫

オブジェクトを背面に配置します。テキストはイラストの上にも表示されます。

「背面」に設定すると、テキスト編集モードのときに、オブジェクトをクリックしても選択できなくなります。

編集画面で選択できないオブジェクトを選択するには、「レイアウト」ツールバーを表示して(①)、「オブジェクトの選択と表示」ボタンをクリックします(②)。

「ワークウィンドウ」の「このページ内の図形」のリストから、対象の図形の名前をクリックします(③)。

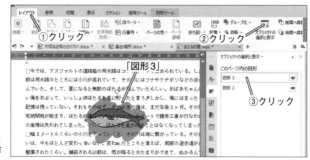

「背面」表示のオブジェクトを選択する操作

[2-4] 図形や画像の挿入

> **Memo** 「ワークウィンドウ」の「このページ内の図形」で、図形の名前を選択してから、もう1度クリックすると、図形の名前を変更できます。

≪前面≫

オブジェクトを前面(テキストの上)に配置します。イラストと重なったテキストは表示されません。

≪上下≫

テキストをオブジェクトの上下に配置します。

≪内部≫

オブジェクトに含まれる折り返し点の情報に沿ってテキストを表示します。「クリップアート」では、「外周」の設定と同じ結果になります。

■ 写真などの画像を挿入する

文書に、「写真」や「イラスト」などの画像を挿入するには、まず編集画面で、画像を挿入する位置をクリックします(①)。

「挿入」ツールバーを開いて(②)、「図」ボタンをクリックすると、「図の挿入」ダイアログが開きます(③)。

このダイアログから画像ファイルを選択し(④)、「開く」ボタンをクリックすると、文書に画像が挿入されます(⑤)。

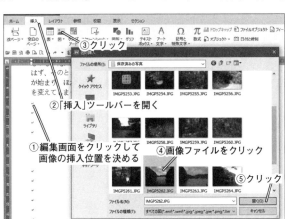

画像を挿入する操作

第2章 Writer

画像の挿入後は、クリップアートのオブジェクトと同じように操作して、「サイズ」や「配置」の変更操作を行なってください。

■ いろいろな図形を挿入する

● 図形の描画

「図形」は、いろいろな形の図形を文書に挿入する機能です。
「丸」や「四角」などの一般図形のほか、「線」や「矢印」「コネクタ」(結合線)などが描けます。

[1]「挿入」ツールバーを開いて、「図形」ボタンをクリック。図形の一覧表から挿入する図形のボタンをクリックする。

右図の例では、一覧表の「基本図形」から「ハート」のボタンをクリックしています。

図形の選択

[2] 編集画面上の図形を挿入したい位置で、斜め方向にドラッグする。

右図の例では、「左上」から「右下」へドラッグしていますが、「始点」から「終点」への方向は、どちらでもかまいません。

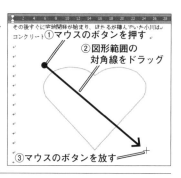

図形の描画

● 図形の線や色を変える

≪図形の選択操作について≫

文書内の図形を編集するときには、図形のオブジェクトを選択する必要がありますが、オブジェクト選択の操作方法は、図形の状態によって変わります。

[2-4] 図形や画像の挿入

≪線だけの図形≫
　線だけで構成された図形では、図形の線をクリックして選択します。図形の線で囲まれた領域をクリックしても、選択できません。

線だけの図形の選択　　線をクリックして選択

≪塗りつぶされた図形≫
　図形が色で塗りつぶされている場合には、「線」または「塗りつぶされた領域」をクリックして選択できます。

　図形をクリックするときに選択できるかどうかは、ポインタの形状で判断できます。図形上でポインタが十字型になる位置でクリックすると、選択された状態になります。

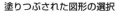

塗りつぶされた図形の選択　　図形領域内をクリックして選択できる

≪図形の塗りつぶし≫
　図形を選択すると、ツールバーの表示が「描画ツール」に変わります。
　「図形の塗りつぶし」ボタンの右端の「▼」をクリックして、メニューのカラーパレットから色を選択すると、図形をその色で塗りつぶします。

　塗りつぶした図形の色を消したい場合は、メニューの「塗りつぶしなし」を選択すると、色が消えて、線だけの図形になります。

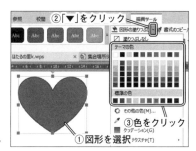

図形の塗りつぶし

≪同じ色で他の図形を塗りつぶす≫
　「図形の塗りつぶし」ボタンのカラーパレットから色を選択すると、その色が「図形の塗りつぶし」ボタンのアイコンに表示されます。

第2章 Writer

　図形を選択してから(①)、「図形の塗りつぶし」ボタンをクリックすると、アイコンに表示された色で図形を塗りつぶします(②)。

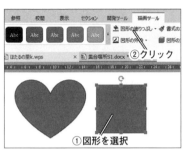

「図形の塗りつぶし」ボタンのアイコンの色表示　　　同じ色で図形を塗りつぶす操作

≪図形の中に写真を入れる≫

　「効果の塗りつぶし」機能を使うと、図形の枠に合わせて、写真を入れることができます。

[1]図形を選択してから(①)、「図形の塗りつぶし」ボタン右端の「▼」をクリックする(②)。

　メニューから「図とテクスチャ」をポイントし(③)、「図のソース」のサブメニューから「このコンピュータから」をクリックする(④)。

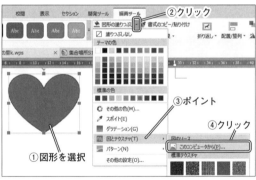

写真を開くメニュー操作

[2]「テクスチャの選択」ダイアログから、図形に入れる画像ファイルをクリックして、「開く」ボタンをクリックする。

[3]写真が図形に表示された。

画像を挿入した図形の例

[2-4] 図形や画像の挿入

≪図の縦横比を固定する≫

　図形オブジェクトでは、図形周囲のハンドルをドラッグしてサイズを変更した際に、図形の縦横比は固定されません。図形サイズの変更時に縦横比を固定する場合は、「レイアウト」ダイアログの設定を変更します。

[1]図形を右クリックして(①)、メニューから「その他のレイアウトオプション」をクリックする(②)。

「その他のレイアウトオプション」を開く

[2]「レイアウト」ダイアログの「サイズ」タブを開いて(①)、「縦横比を固定する」のチェックボックスをオンにする(②)。
　「OK」ボタンをクリックして、ダイアログを閉じる(③)。

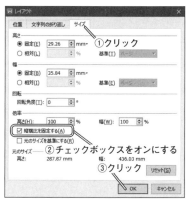

「レイアウト」ダイアログ

　図形サイズの変更は、四隅のハンドルをドラッグしてください。
　「縦横比を固定する」の設定になっている場合でも、上下左右のハンドルのドラッグ操作では、縦横比は固定されません。

縦横比を固定してサイズ変更

> **Memo** 「レイアウト」ダイアログで、「縦横比を固定する」のチェックボックスがオフになっている場合に、[Shift]キーを押しながら、四隅のハンドルをドラッグすると、縦横比を固定したまま図形のサイズを変更できます。

≪図形の回転と画像≫

初期設定では、図形の回転と一緒に、挿入した画像も回転します。

図形回転の書式設定を変更すると、写真の向きを水平に保ったまま、図形を回転させることができます。

*

図形を右クリックして(①)、メニューから「オブジェクトの書式設定」をクリックすると、ワークウィンドウに図形の「書式設定」が表示されます(②)。

*

「塗りつぶしと線」の設定項目から、「図形に合わせて回転する」のチェックボックスをオフにすると、図形を回転させたときに、写真は水平の状態を維持したまま表示されます。

ただし、この操作では、写真の縦横比は維持されません。

「オブジェクトの書式設定」を開く

> **Memo** 「オブジェクトの書式設定」は、「描画ツール」の「設定」ボタンから開くこともできます。

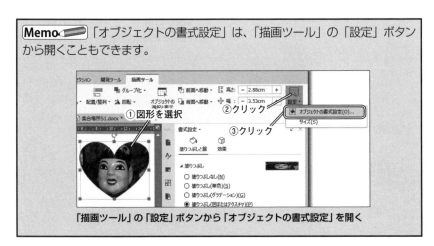

「描画ツール」の「設定」ボタンから「オブジェクトの書式設定」を開く

[2-4] 図形や画像の挿入

≪回転図形の自動塗りつぶし≫

　図形を回転させたときに、写真の水平を維持し、なおかつ写真の縦横比を維持する場合は、「図をテクスチャとして並べる」の設定を「自動塗りつぶし」に変更して、写真の位置やサイズを設定します。

[1]写真を入れて回転させた図形を選択して、ワークウィンドウに「オブジェクトの書式設定」を開く(①)。

　「塗りつぶしと線」の「塗りつぶし」の項目から、「図をテクスチャとして並べる」のボタンをクリックして(②)、「自動塗りつぶし」を選択する(③)。

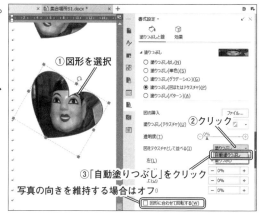

写真による塗りつぶしを「自動塗りつぶし」に変更

【用語】テクスチャ (Texture)

　「テクスチャ」の本来の意味は、「布の織り方」や「生地」、「木材」や「岩石」「皮膚」などの手触りや質感を表わします。

　パソコン用語では、特定の領域を塗りつぶす際に使う画像のことを、「テクスチャ」と呼びます。

　図形の塗りつぶしでは、写真の一部分を使うだけでなく、同じ画像をたくさん並べて、塗りつぶすという方法もあります。

[2]写真の位置やサイズを設定する。

　まず「基準位置」をリストから選択する。「幅」と「高さ」および縦方向と横方向の位置を調節する。

写真の位置やサイズを設定

第2章 Writer

「基準位置」ボタンをクリックして、リストから写真で使う位置を選択します。
写真の領域の中から、図形に表示する位置に最も近い位置を選択してください。

各数値は、「－」と「＋」のボタンをクリックして調節します。
写真が大きい場合は、「幅の調整」と「高さの調整」の値を小さくします。

写真のサイズを図形より小さくすると、同じ写真を並べて塗りつぶします。

写真の縦横比を維持する場合は、「幅」と「高さ」を同じ値に設定してください。

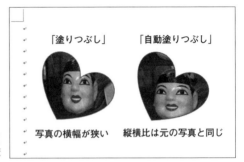

「図をテクスチャとして並べる」の設定の比較

＊

「横方向に移動」と「縦方向に移動」で、写真の位置を調整します。
「横方向」の値を増やすと右に移動します(写真の左側を表示)。「縦方向」の値を増やすと、写真が下がります(写真の上側を表示)。

≪図形の線を変更する≫

図形の「線」は、「太さ」や「色」、「実線」や「点線」などのスタイルを変更できます。

＊

図形を選択すると、ツールバーに「描画ツール」が表示されます(①)。

「図形の外枠」ボタン右端の「▼」をクリックして(②)、メニューから「線の種類」をポイントして(③)、サブメニューから「線の太さ」を選択します(④)。

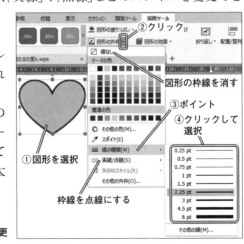

図形の線を変更

[2-4] 図形や画像の挿入

＊

「図形の外枠」ボタンのメニューから、「実線/点線」をポイントすると、線の描画パターンを変更できます。

また、同メニューから、「線なし」をクリックすると、図形から外枠が消えます。
図形を色で塗りつぶしてから外枠を消すと、単色の図形になります。

同様に図形を写真で塗りつぶしてから図形の外枠を消すと、写真を特定の形に切り取ったようなイメージの画像を作れます。

「角丸四角形」の図形を写真で塗りつぶして枠線を消した例

> **Memo**　「ワークウィンドウ」の「オブジェクトの書式設定」の「塗りつぶしと線」では、より詳細に外枠の線を設定できます。

≪自在に「多角形」や「折れ線」を描く≫

「図形」ボタンの一覧表の「線」から（①）、「フリーフォーム」ボタンをクリックすると、自在に「多角形」や「曲線」を描くことができます（②）。

「フリーフォーム」ボタン

＊

編集画面上をクリックするたびに、クリックした点を結ぶ直線が表示され、最後に「始点」をクリックすると、「多角形」を描けます。

また、最後に始点以外の場所をダブルクリックすると、「折れ線」を描けます。
画面上をドラッグすると、「自由曲線」を描けます。

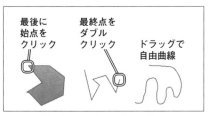

「多角形」と「折れ線」の描画

第2章 Writer

● 図形を立体的にする

「図形」ツールで描いた図形に「3-D書式」の効果を設定すると、立体的に見える図形にすることができます。

[1] まず図形を選択する(①)。「描画ツール」ツールバーから「設定」ボタンをクリックし(②)、メニューから「オブジェクトの書式設定」をクリックする(③)。

ワークウィンドウで「効果」の項目から(④)「3-D書式」を開いて(⑤)、「奥行き」の「サイズ」の「+」ボタンをクリックして、数値を大きくする(⑥)。

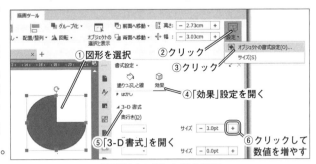

「奥行き」の「サイズ」を設定

＊

「－」と「+」のボタンをクリックまたは数値を入力して、「サイズ」を調節します。

「奥行き」の「サイズ」の数値が大きいほど、厚みのある立体図形になります。

この操作段階では、まだ図形に厚みが表示されないので、「サイズ」は暫定的な数値でかまいません。

[2] 「3-D回転」の設定項目が閉じている場合は、「3-D回転」の文字列をクリックして開く(①)。「標準スタイル」ボタンをクリックすると、立体図形のリストが表示される(②)。このリストからアイコン図柄をクリックして、立体図形の向きを選択する(③)。

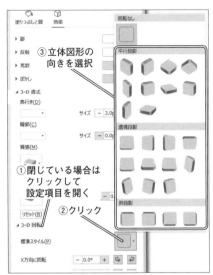

立体図形の向きを選択

[3]「-」と「+」および回転ボタン(曲線の矢印ボタン)をクリックして、「X、Y、Z」の各軸方向の回転を調節する。

「-」と「+」のボタンは、10度単位で回転します。

回転ボタンは、5度単位で回転します。

立体図形の回転角度を調節

X方向に回転	垂直方向の軸を中心に左右に回転。
Y方向に回転	水平方向の軸を中心に上下に回転。
Z方向に回転	奥行き方向の軸を中心に左右に回転。自動車のハンドルのように回転する。

■ 画像や図形などに「キャプション」を付ける

●「テキスト・ボックス」の挿入

「テキスト・ボックス」は、矩形範囲にテキストを入力して、それをオブジェクトとして扱う機能です。

画像などのオブジェクトにキャプション(説明文)を付けるには、通常のテキスト入力でも付けられますが、「テキスト・ボックス」を使うと、ページ上の好きな場所に配置できるので便利です。

[1]「挿入」ツールバーを開いて(①)、「テキストボックス」ボタンをクリック(②)。

「テキスト・ボックス」を挿入する位置で、斜めにドラッグする(③)。

ドラッグ操作の「始点」と「終点」を対角線とする長方形のテキスト・ボックスが表示されます。

テキスト・ボックスの作成

第2章 Writer

[2] フォントを設定して、テキストを入力する。

「テキスト・ボックス」を作成すると、ツールバーの表示が「テキストツール」に切り替わります。

図の例では、フォントを「MSゴシック」「太字」「中央寄せ」に設定しています。

テキストの入力

[3] 「描画ツール」ツールバーを開いて、「図形の外枠」ボタン右側の「▼」をクリックして、メニューから「なし」をクリック。

この操作は、「テキスト・ボックス」の枠線を消すための操作です。枠線を表示する場合には、この操作は必要ありません。

テキスト・ボックスの位置を変更する場合は、テキスト・ボックスの枠上をドラッグして移動します。

Memo 編集ウィンドウのテキストを選択してから、「テキストボックス」ボタンをクリックすると、選択した文字列がテキスト・ボックスの中に入ります。

枠線を消す操作

● 複数行文字

「テキスト・ボックス」に長めのテキストを入力する場合は、「テキストボックス」ボタンの文字部分をクリックして(①)、メニューから「複数行文字」をクリックすると便利です(②)。

「複数行文字」の「テキスト・ボックス」は、文字数に合わせて、自動的に枠が縦方向に拡大します。

このとき、「テキスト・ボックス」の横幅は一定に保たれます。

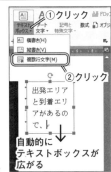

「複数行文字」のテキスト・ボックスを挿入

[2-4] 図形や画像の挿入

●オブジェクトの「グループ化」

「グループ化」とは、複数のオブジェクトを1つのグループにまとめる機能です。

たとえば、「画像」と、そのキャプションの「テキスト・ボックス」を「グループ化」すれば、「画像」と「キャプション」を1つのオブジェクトとして移動できるようになります。

[1] 画像の「折り返し」が「行内」に設定されている場合は、「四角」に設定する。

すでに「折り返し」が「四角」に設定されている場合は、次の手順に進んでください。

なお、画像の「折り返し」設定を変更したときに、「テキスト・ボックス」が意図しない位置に移動する場合があります。この場合には、「テキスト・ボックス」をドラッグして、正しい位置に移動してから操作を続けてください。

画像の「折り返し」設定の変更

[2] 画像が選択されていない場合は、クリックして選択する(①)。
ポインタを「テキスト・ボックス」の枠線(ポインタが十字型に変わる位置)に合わせて、[Shift]キーを押しながらクリック(②)。

「画像」と「テキスト・ボックス」を選択する順番は、どちらが先でもかまいません。

なお、「テキスト・ボックス」の枠線が非表示の場合には、「テキスト・ボックス」を先に選択するほうが、操作しやすいと思います。

複数オブジェクトの選択

[3]画像を右クリックして、コンテキストメニューを表示する。このメニューから「グループ化」をポイントして、サブメニューから「グループ化」をクリック。

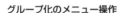

グループ化のメニュー操作

● **グループ化の解除**

「グループ化」を解除して、元の状態に戻すには、右クリックのコンテキストメニュー(①)の「グループ化」をポイントして(②)、サブメニューから「グループ化の解除」をクリックします(③)。

「グループ化」の解除

また、ツールバーの「画像ツール」の「グループ化」ボタンから解除することもできます。

「グループ化」ボタンによる解除

[2-5] 印刷する

2-5 印刷する

■「印刷プレビュー」を見る

●「印刷プレビュー」を開く

「印刷プレビュー」を開くと、実際に印刷する前に、印刷がどのようになるか確認できます。

「印刷プレビュー」を表示するには、「ファイルタブ」をクリックして(①)、メニューから「印刷」をポイントし(②)、「印刷プレビュー」をクリックします(③)。

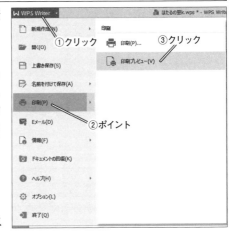

「印刷プレビュー」を開く

●「印刷プレビュー」の操作

≪拡大/縮小≫

「印刷プレビュー」画面の拡大/縮小の操作には、3種類の方法があります。

・拡大率の変更

「印刷プレビュー」ツールバーの「ズーム」欄から拡大率を変更できます。

「ズーム」の数値欄右の小さな「▼」をクリックすると、選択メニューが表示されます。

メニューから拡大率または拡大方法をクリックします。

・画面をクリック

文書内にポインタを合わせると、ポインタの形が「虫眼鏡ポインタ」に変わります。

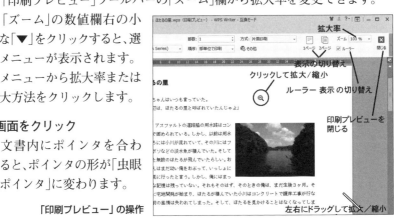

「印刷プレビュー」の操作

「虫眼鏡ポインタ」の表示が「+」のときにクリックすると拡大、「-」のときにクリックすると縮小します。

・スライドバー
　画面右下のズームのスライドバーを左右にドラッグすると、拡大率が変わります。右ドラッグで拡大し、左ドラッグで縮小します。
　また、スライドバー両端の「+」と「-」をクリックして拡大率を変えることもできます。

≪1ページ／2ページ≫
　「2ページ」ボタンをクリックすると、1画面に2ページを表示します。

≪印刷≫
　「印刷」ボタンをクリックすると「印刷」ダイアログを開きます。
　プリンタの印刷設定が整っていて、すぐに印刷を始める場合は、「印刷」ボタンの文字部分をクリックして(①)、メニューから「印刷の規定値で直接印刷」をクリックします(②)。

即時印刷の操作

≪閉じる≫
　「閉じる」ボタンをクリックすると、印刷プレビューを閉じて、編集画面に戻ります。[ESC]キーを押して閉じることもできます。

≪ルーラーの表示切り替え≫
「ルーラー」欄のチェックボックスをオフにすると、ルーラーが非表示になります。

[2-5] 印刷する

■ 用紙サイズの設定

● 用紙サイズの選択

「レイアウト」ツールバーを開いて(①)、「サイズ」ボタンをクリックすると、用紙サイズの選択メニューが表示されます(②)。

選択中の用紙サイズには、リストの左側に色が付きます。

用紙サイズを変更する場合は、設定するサイズの項目をクリックします(③)。

用紙サイズの選択

● ユーザー設定の用紙サイズ

「サイズ」ボタンの選択メニュー以外の用紙サイズを設定したい場合は、「ページ設定」ダイアログの「用紙」タブで用紙サイズを変更します。

[1]「レイアウト」ツールバーを開いて(①)、「サイズ」ボタンをクリックして(②)、その選択メニューから、「その他のページサイズ」をクリック(③)。

「ページ設定」ダイアログを開く操作

[2]「用紙サイズ」欄の「幅」と「高さ」の数値を変更して、「OK」ボタンをクリック。

上下の小さな三角ボタンをクリックして、「幅」と「高さ」の数値を変更します。

また、数値を直接入力することもできます。

用紙サイズの選択

第2章 Writer

数値の右の単位(初期設定では「mm」の表示)をクリックすると、長さの単位を変更できます。

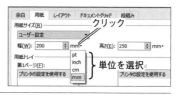

単位の変更

● 用紙サイズと編集

「用紙サイズ」は、なるべく文書作成の開始時に設定しておいたほうがいいのですが、後から変更する場合もあるでしょう。

編集中の文書で、用紙サイズを変更すると、それに合わせてレイアウトは変化します。

レイアウトが崩れてしまった場合には、文書の状態に合わせて再編集を行なってください。

■ 印刷する

印刷を始める前に、あらかじめプリンタの初期設定や用紙などの準備をすませておいてください。

[1]「ファイルタブ」のメニューから(①)、「印刷」をクリック(②)。

> **Memo　ショートカットキー**
> 印刷：[Ctrl + P]

「印刷」ダイアログを開く

[2]「名前」欄から印刷に使うプリンタを選択(①)。

「ページ範囲を設定」欄で印刷するページを設定(②)。

「印刷部数」欄で部数の数値を入力。準備ができたら「OK」ボタンをクリック(③)。

印刷の開始

[2-5] 印刷する

≪印刷するページ範囲の指定方法≫

特定のページ範囲を印刷する場合は、「ページ範囲」を選択して、ページ番号と範囲を入力します。

ページ範囲を指定

個別のページを印刷する場合は、ページ番号をカンマで区切ります。

【例】1,3,8

ページ範囲の指定は、ページ番号の間にハイフンを入れます。

【例】3-12

個別のページと範囲を同時に入力することもできます。

【例】1,3, 5-12

■ ページを用紙に合わせて拡大/縮小印刷する

● 拡大/縮小

文書で設定したサイズと異なるサイズの用紙に印刷する場合は、「印刷」ダイアログの「拡大/縮小」の設定を変更します。

「拡大/縮小」欄の「用紙サイズの指定」で設定した用紙サイズは、文書に設定した用紙サイズよりも優先されて印刷されます。

複数ページを1枚の用紙に印刷

たとえば、文書で「A4用紙」に設定されている場合に、「B5用紙」に印刷したい場合は、「用紙サイズの指定」の用紙サイズの表示をクリックして(①)、プルダウンメニューから「B5」を選択します(②)。

「用紙サイズの指定」の変更

第2章 Writer

● 複数のページを1枚に印刷

「1枚のページ数」の設定を変更すると、1枚の用紙に複数のページをまとめて印刷できます。「1枚のページ数」は最大32ページまで設定できます。

「統合印刷するときに境界線を引く」のチェックボックスをオンにすると、ページの境界に細線が印刷されます。

2ページをA4用紙に縮小印刷した例

■ 差し込み印刷

「差し込み印刷」とは、「住所録」や「会員リスト」などのデータを文書の特定部分に挿入して印刷する機能です。

「ハガキ」や「手紙」の「宛名印刷」にも応用できます。

●「差し込み印刷」の操作手順

以下の手順は、「Spreadsheets」(表計算)の名簿データを読み込んで、文書に宛名の「差し込み印刷」を行なう場合の操作例です。

[1]表計算ソフトの「Spreadsheets」を起動して、差し込み印刷に使うデータを編集する。

まず、Spreadsheetsを使ってデータを作成します。列の先頭行に列のデータ名を入力し(①)、その次の行から印刷に使うデータを入力します(②)。

差し込みデータの編集

[2]データが入力できたら、「Spreadsheets」のファイルを保存する。

適当なファイル名を入力して(①)、「ファイルの種類」で「WPS Spreadsheetファイル(*.et)」を選択(②)。

準備ができたら「保存」ボタンをクリック(③)。

「WPS形式」で保存

[2-5] 印刷する

　ファイル名を入力するときに、拡張子は付けなくても大丈夫です。「ファイルの種類」で選んだ種類の拡張子が自動的に付きます。

[3] 保存した「etファイル」の編集画面を閉じる。

　「Spreadsheets」を終了する必要はありませんが、差し込み印刷に使う「etファイル」の編集画面は閉じておく必要があります。

「etファイル」の編集画面を閉じる

[4] 「Writer」で印刷する文書を開いて(①)、「参照」ツールバーを開き(②)、「差し込み印刷」ボタンをクリックする(③)。

　この操作で、ツールバーに「差し込み印刷」ツールが表示されます。

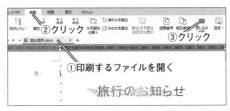

差し込む位置を決める

[5] 「差し込み印刷」ツールから「データソースを開く」ボタンをクリックする(①)。

　「Spreadsheets」で保存した差し込み用データの「etファイル」を開く(②)。

データソースを開く

[6] 「etファイル」に複数のシートがある場合には、差し込み用データが含まれるシートを選択して(①)、「OK」ボタンをクリック(②)。

シートの選択

　「etファイル」に含まれるシートが1つだけの場合には、「表の選択」ダイアログは表示されないので、次の手順に進んでください。

第2章 Writer

[7] 文書の編集画面で、データを差し込む位置をクリックして、編集カーソルを移動させる(①)。

「差し込み印刷フィールドを挿入する」ボタンをクリックして、「差し込みフィールドの挿入」ダイアログを開く(②)。

挿入するデータ名をクリックして(③)、「挿入」ボタンをクリックする(④)。

差し込みフィールドが挿入できたら、「キャンセル」または「×」ボタンをクリックして、ダイアログを閉じる(⑤)。

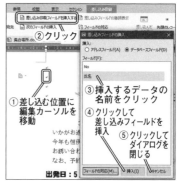

「差し込みフィールド」の挿入

文書上に挿入する「差し込みフィールド」は、「≪データ名≫」のような形式で表示されます。

この手順の例では、「≪氏名≫」という「差し込みフィールド」の名前が挿入され、その名前に対応するデータ(宛名)が挿入されて印刷されます。

[8] 敬称などの「差し込みフィールド」に付与する文字列を追加する(①)。

「差し込みフィールド」のフォント設定を行なって(②)、「プリンタに差し込み」ボタンをクリックする(③)。

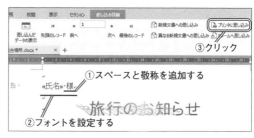

「差し込みフィールド」の編集

この手順では、「宛名」を挿入するので、敬称の「様」を追加しています。

「宛名」と「敬称」の配置のバランスを考慮して、「≪氏名≫」と「様」の間にスペース(半角または全角)を1つ入れておくといいでしょう。

「差し込みフィールド」のフォントは、「≪データ名≫」の文字列をドラッグして選択してから、通常のフォント設定と同じ操作で設定できます。

[2-5] 印刷する

> **Memo** 差し込んだデータの表示を確認する
> 「差し込んだデータの表示」ボタンをクリックすると、「≪氏名≫」のところに宛名を入れた場合の表示を確認できます。
>
>
>
> 差し込んだデータの表示　　差し込みデータが表示される

[9] 印刷するデータの範囲を設定(①)。「OK」ボタンをクリックして印刷を開始する(②)。

データの範囲を設定

差し込み印刷の例

印刷する差し込みレコードの範囲には、3種類の設定方法があります。

・すべて
　すべての差し込みデータを対象に印刷します。
・現在のレコード
　現在の差し込みデータのみを印刷します。
・レコードの範囲を設定する
　「最初のレコード」と「最後のレコード」の各欄に、範囲の数値を入力します。
　たとえば、「2」と「5」を入力すると、差し込みデータの2番目から5番目のデータを差し込んで印刷します。

「プリンタ差し込み」ダイアログの「OK」ボタンをクリックすると、「印刷」ダイアログが開きます。プリンタや印刷方法の設定を確認して、印刷を開始してください。

第2章 Writer

●データソースが読み込めないときは？

　差し込み印刷に使う「データソース」には、さまざまなファイル形式があります。
　しかし、データの内容や記述方法が「Writer」に適合しない場合があり、「Writer」が対応するファイル形式だとしても、データの内容によっては、「データソース」として読み込めない場合があります。

　「データソース」として利用したいファイルが、「Writer」の差し込み印刷で読み込めない場合には、その表計算ファイルを「WPS Office」形式（拡張子：.et）で保存すると、読み込めるようになる場合があります。

●「差し込み印刷」の宛先を選択する

　データソースから、宛名を選択して「差し込み印刷」をしたい場合には、印刷を開始する前に、「差し込み印刷の宛先」ダイアログで宛先を選択できます（①）。
　印刷しないデータのチェックボックスをオフに設定します（②）。

「差し込みデータ」の選択

●個別の差し込み印刷

　差し込み印刷で使う1件ぶんのデータのことを「レコード」と呼びます。

　特定の宛先の差し込み印刷を単独で行なう場合は、「差し込み印刷」ツールバーで、「レコード」を選択してから印刷を開始します。

[1]「差し込んだデータの表示」ボタンを有効にして、レコード番号を選ぶ（①）。

　「前へ」と「次へ」のボタンをクリックして、レコード番号の数値を設定。数値を直接入力する場合には、入力後に[Enter]キーを押すと、レコード番号が確定する（②）。

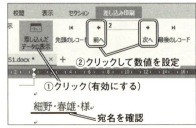

レコード番号の設定

[2-5] 印刷する

　印刷を開始する前に、編集ウィンドウに表示されている宛名が正しいことを確認してください。

[2]「プリンタに差し込み」ボタンをクリックする（①）。
　「プリンタ差し込み」ダイアログの「差し込みレコード」を「現在のレコード」に設定して、印刷を開始する（②）。

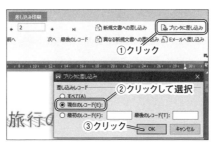

「現在のレコード」に設定

第3章 Spreadsheets

Kingsoft WPS Office

「Spreadsheets」は、表計算ソフトです。
「セル」(マス目)を、「行」と「列」で管理して、さまざまな情報を扱うことができます。
「各種表計算」「情報の記録および集計」「グラフの作成」など、豊富な機能を備えています。

第3章 Spreadsheets

3-1 「Spreadsheets」のウィンドウ構成

■ Spreadsheetsの操作画面

「ファイル操作」「ツールバー」「ワークウィンドウ」など、「Spreadsheets」と「Writer」の操作画面には、多くの共通点があります。

表計算ソフトは、「セル」という小さなマス目を単位として、「文字列」や「数値データ」などを扱います。

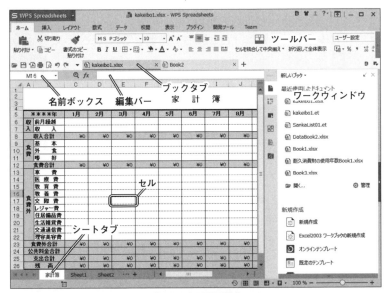

「Writer」の画面構成

■ Spreadsheetsの基本操作

●ブック

表計算ソフトの文書ファイルのことを「ブック」と呼びます。
複数の「ブック」を開いた場合は、「ブックタブ」をクリックして切り替えられます。

●シート

≪シートとは？≫
1つの編集画面のことを「シート」(Sheet)と呼びます。
1つの「ブック」には、複数の「シート」を保存できます。

[3-1]「Spreadsheets」のウィンドウ構成

「シート」の表示は、画面左下の「シートタブ」で切り替えられます。

「シートタブ」右側の「＋」ボタンをクリックすると、新しい「シート」を追加できます。

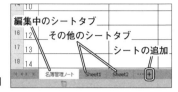

シートタブとシートの追加

≪シートの削除≫

不要な「シート」を削除するには、「シート」タブを右クリックして(①)、メニューから「シートの削除」をクリックします(②)。

シートの削除

≪シート名の変更≫

新規ファイルを開くと、シートには、「Sheet1、Sheet2、Sheet3…」という名前が付きます。

この名前を変更するには、「シートタブ」を右クリックして(①)、メニューから「名前の変更」をクリックすると、シート名が編集可能な状態になります(②)。

新しいシート名を入力して[Enter]キーを押す(または編集画面上をクリックする)と、シート名が確定します(③)。

また、「シートタブ」をダブルクリックして、シート名を変更することもできます。

シート名の変更

● セル

≪セルの表記方法≫

編集画面は小さなマス目で区切られていて、このマス目を「セル」と呼びます。

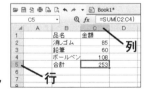

「セル」は、「行」(横方向)と「列」(縦方向)で管理されます。

「行」の位置は「数値」で、「列」の位置は「アルファベット」で表わし、「セル」は

119

第3章 Spreadsheets

「列行」の順序で表記します。

たとえば、「左から3番目の列、上から5番目の行」のセルは「C5」と表記します。

3-2 セルの編集と表の作成

■ セルの選択と表示

選択されているセルの位置は、編集画面左上の「名前ボックス」に表示されます。

「名前ボックス」にセルの位置を入力すると、そのセルにジャンプできます。

セルのデータは、「名前ボックス」右側の「編集バー」に表示されます。

「セル」には、「数値」「文字列」「数式」が入ります。

セルのデータは、セルと「編集バー」のどちらでも編集できます。

セルのデータの表示

特定のセルをクリックして選択すると、緑色の枠が表示されます。編集画面上をドラッグすると、複数のセルを選択できます。

■ 「数式」や「関数」の表示

「セル」には、「数値」や「文字列」だけでなく、「数式」や「関数」を記述できます。

「数式」や「関数」が設定されたセルには、通常時には計算結果が表示されますが、そのセルをダブルクリックすると、表示が「数式」や「関数」に変わり、セルや「編集バー」で計算式を編集できます。

セル上で計算式を編集

■ セル移動と編集のキー操作

特定のセルを選択する方法には、「マウスでクリックする方法」と、「キーボード操作でセルを移動する方法」があります。

[3-2] セルの編集と表の作成

　キーボードによる操作方法を覚えておくと、素早い操作に役立ちます。たとえば、比較的近いセルへの移動では、キーボードの「矢印キー」で操作すると、素早く移動できます。
　また、セルのデータ編集にも、いろいろなキーボードショートカットがあります。

【セルの移動】

[矢印キー]	上下左右の矢印キーで、矢印の方向に移動。
[Ctrl + ←]	1 単元左に移動。次のデータ箇所までジャンプする。
[Ctrl + →]	1 単元右に移動。
[Enter]	セルの入力を確定して、下のセルに移動。
[Shift + Enter]	セルの入力を確定して、上のセルに移動。
[Tab]	右のセルに移動。
[Shift + Tab]	左のセルに移動。
[HOME]	列の先頭に移動。
[Ctrl + HOME]	A1 セルに移動。
[Ctrl + End]	データが入力されている矩形範囲の右下隅のセルに移動。

【セルの編集】

[Alt + Enter]	編集中のセル内で改行する。
[Esc]	データの入力や変更を取り消す (確定前のみ)。
[Delete]	セルのデータを削除。
[Shift + Home]	選択されたセルから A 列のセルまでの行を一括選択。
[Shift + 矢印キー]	複数セルを選択。
[Ctrl + A]	すべてを選択。
[Ctrl + C]	データをコピー。
[Ctrl + V]	データをペースト。
[Ctrl + D]	直上セルと同じデータを入力。直上セルのコピー＆ペーストと同じ結果が得られる。
[Ctrl + Z]	直前の操作を取り消し。
[Ctrl + Y]	取り消した操作をやり直す。
[Ctrl + ;]	今日の日付を入力。
[Ctrl + Shift + ;]	現在の時刻を入力。
[Ctrl + K]	ハイパーリンクを挿入。
[F2]	セルのデータを編集する。
[Back Space]	セルのデータを削除して入力。

第3章 Spreadsheets

■ データの入力

● 下方向に入力する

順次下方向にデータを入力する場合は、入力後に[Enter]キーを押します。

縦方向へ連続入力

● 右方向に入力する

順次右方向にデータを入力する場合は、入力後に[Tab]キーを押します。

横方向へ連続入力

● 右方向から次の行へ移動

[Tab]キーで右方向へデータを入力した後に(①)、行末のセルで[Enter]キーを押すと(②)、次の行の先頭列(最初に[Tab]キーを押した列)に移動します(③)。

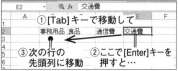

右方向から次の行へ

● 複数のセルに同じデータを一括入力

まず、複数のセルをドラッグして選択。

その状態で、データを入力してから、[Ctrl + Enter]を押すと、選択範囲のすべてのセルに同じデータが入ります。

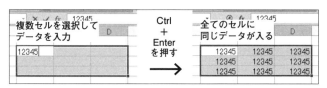

複数セルに同じデータを入力

[3-2] セルの編集と表の作成

●直上セルと同じデータを入力する

[Ctrl + D]を押すと、直上セルと同じデータが入力されます。

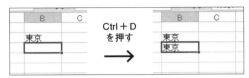

直上セルのデータを複製して入力

データのあるセルを先頭として、同じ列の複数のセルを選択してから[Ctrl + D]を押すと、選択範囲のすべてのセルに同じデータが入ります。

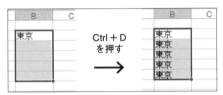

同じ列のセルに同じデータを複製して入力

■ 連続データを入力する

●オートフィルで連続データを入力する

「オートフィル」とは、入力されているデータを基にして、連続するデータを自動入力する機能です。

「オートフィル」が使えるデータの種類は、「数値」と「一部の文字列」です。

自動入力できる文字列は、「曜日」や「暦」(こよみ)の月名など、連続性のある文字列です。

[1]データの入力されたセルをクリックして選択(①)。セルの右下にマウスカーソルを合わせてドラッグする(②)。

「オートフィル」の開始

「オートフィル」の操作では、選択されたセルの右下の点に、正確にカーソルを合わせてください。

カーソルの表示を確認し、シンプルな「+」の表示のときにドラッグします。

「オートフィル」でドラッグする方向は、上下または左右のどちらにも操作できます。

第3章 Spreadsheets

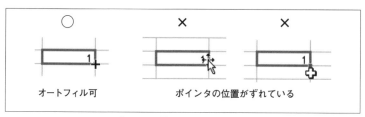

ポインタの位置による形状の変化

[2] 連続データの最後のセル上でドロップする。

カーソル位置の右下に、自動入力されるデータのプレビューが表示されます。

マウスのボタンを放すと、「オートフィル」のデータが入力されます。

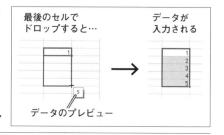

「オートフィル」の完了

●いろいろな連続数値データの入力

2つ以上の数値データを基に「オートフィル」の操作を行なうと、「等差」の数値や「倍数」の数値などを素早く入力できます。

目的の連続データにするために、基の数値データが3つ以上必要な場合もあります。

複数の数値データを基に連続データを入力する場合は、そのデータのセルの範囲を選択してから(①)、「オートフィル」の操作を行ないます(②)。

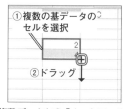
複数データから「オートフィル」

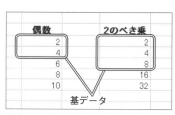
基データの違いと「オートフィル」の結果

[3-2] セルの編集と表の作成

●文字列の連続データ

「Spreadsheets」に登録されている「曜日」などの文字列は、1つのデータを基に「オートフィル」の操作ができます。

また、文字列と組み合わせた数値は、「オートフィル」による連続データを入力できます。

いろいろな連続データ

●オートフィルの文字列を追加する

オプションダイアログの「ユーザー設定リスト」に任意の文字列のリストを追加すると、ユーザー独自の文字列を「オートフィル」で使えます。

[1]「ファイルタブ」をクリックして、「オプション」をクリック。

「オプション」ダイアログを開く

[2]「オプション」ダイアログで「ユーザー設定リスト」をクリックして(①)、「ユーザー設定リスト」の項目で「新しいリスト」が選択されていることを確認する(②)。

「リストの入力」欄に、「オートフィル」で使う文字列を入力して(③)、「追加」ボタンをクリック(④)。

新しいリストの入力

第3章 Spreadsheets

[3]「ユーザー設定リスト」に入力したリストが追加されたのを確認して、「OK」ボタンをクリック。

リストの追加の完了

■ 並べ替え

● 並べ替えの基本操作

並べ替えるセルを選択してから(①)、「ホーム」ツールバー (②)の「並べ替え」ボタンをクリックすると、「昇順」(小→大)に並べ替えます(③)。

昇順の並び替え　　　　並び替えの結果

「降順」(大→小)に並べ替えたい場合は、「並べ替え」ボタンの文字のところをクリックして、メニューから「降順」をクリックします。

降順の並べ替え

● 列のデータで表を並べ替える

複数の列から構成される表で、特定の列のデータを基準にして並べ替えます。

[3-2] セルの編集と表の作成

[1]並べ替えるデータのセルの範囲を選択する(①)。「並べ替え」ボタンの文字のところをクリックして(②)、メニューから「並べ替え」をクリック(③)。

表の並べ替えの開始

[2]「並べ替え」ダイアログで、「最優先されるキー」欄をクリックして(①)、基準とする列の見出しを選択する(②)。

「順序」欄をクリックして、「昇順」または「降順」を選択(③)。

準備ができたら、「OK」ボタンをクリック(④)。

「並び替え」ダイアログ

「最優先されるキー」で選択された列のデータを基準として、表全体のデータを並べ替えます。

この操作例では、D列のデータを基準として「降順」に設定し、「得点」の高い順序に並び替えています。

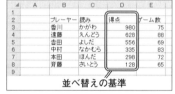

並べ替えの完了　　並べ替えの基準

●ユーザー設定リストによる並べ替え

「オートフィル」の連続データで使える「ユーザー設定リスト」は、表の並べ替えにも使えます。

通常の並べ替えの優先順位は、「数値」「記号」「アルファベット」「五十音(読み順)」という順序になります。

「並べ替えのオプション」ダイアログで「ユーザー設定リスト」に登録された文字列を設定すると、その文字列の順序に従って並べ替えることができます。

127

第3章 Spreadsheets

[1] 並べ替える表の範囲を選択して（①）、「並べ替え」ボタンの文字のところをクリックする（②）。「並べ替え」をクリック（③）。

右図のデータは、東京都のJR山手線の駅名と乗降客数です。

乗降客数の多い上位10位までの駅名と乗降客数のデータが、乗降客数順に並んでいます。これを「ユーザー設定リスト」に登録した駅名を基準に並べ替えます。

「並べ替え」ダイアログを開く

[2] 「列」欄の「最優先されるキー」は、「駅」（B列の見出し）に設定する（①）。
「順序」欄をクリックして（②）、メニューから「ユーザー設定リスト」をクリック（③）。

「並べ替え」ダイアログ

[3] 「ユーザー設定リスト」から、並べ替えに使うリストを選択（①）。

準備ができたら「OK」ボタンをクリック（②）。

「ユーザー設定リスト」の選択

[4] 「並べ替え」ダイアログの「OK」ボタンをクリック。

「ユーザー設定リスト」の選択

[5] 並べ替えが完了した。

「ユーザー設定リスト」で選択したリストの順序が表に反映されます。

並べ替え前と並べ替え後

■ セルのサイズを変える

● ドラッグによるセルの幅と高さの調節

列のアルファベットの右側境界線にポインタを合わせて、左右にドラッグすると、セルの幅を調節できます。

セル幅の調節

「桁数の多い数値」や「長い文字列」を入力する場合には、セルの幅を拡大します。

「行の高さ」も列と同様に、行番号の下側の境界線を上下にドラッグして調節できます。

● セルの幅と高さを数値で設定する

列のアルファベットを右クリックすると、その列すべてが選択され、列を操作するコンテキストメニューが表示されます(①)。

このメニューから「幅」をクリックして、「幅」ダイアログで数値を設定します(②)。

列のコンテキストメニュー

「幅」ダイアログの数値欄の右側をクリックすると、幅の単位を選択できます。

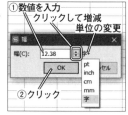

「幅」ダイアログ

第3章 Spreadsheets

「行の高さ」を変更する場合は、行番号を右クリックして(①)、コンテキストメニューから「高さ」を選択します(②)。

「高さ」ダイアログの設定方法は「幅」ダイアログと同じです。

行のコンテキストメニュー

■ セルの挿入

●「列」や「行」を挿入する

データを入力ずみのシートに、新たな項目を追加したい場合は、行や列を追加できます。列を挿入するには、列のアルファベットを右クリックして、コンテキストメニューから「挿入」をクリックします。操作を行った列に空白の列が挿入され、元のデータは1つ右の列に移動します。

メニューの「挿入」で、「列数」欄の数値を増やすと、1度の操作で複数の列を挿入できます。

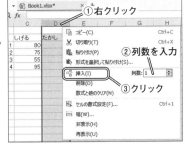

列を挿入する操作

行を追加するには、行番号を右クリックして、コンテキストメニューから「挿入」をクリックします。

列を挿入した結果

● セルを挿入する

「セルの挿入」は、データが入力ずみの範囲内で、セルのデータを消さずに空白のセルを追加する操作です。

空白のセルを挿入すると、既存のセルのデータは、挿入位置の右または下に順次移動します。

たとえば、多数のデータを入力した後に、入力し忘れたデータを追加したいような場合に、空白セルを挿入します。

[3-2] セルの編集と表の作成

[1]挿入する位置のセルを右クリックして(①)、コンテキストメニューから「挿入」をクリック(②)。

セルのコンテキストメニュー

[2]既存のデータを下へ移動する場合は、「セルの挿入」ダイアログで、「セルを右へ移動」または「セルを下に移動」のどちらかを選択(①)。準備ができたら「OK」ボタンをクリック(②)。

「セルの挿入」ダイアログ

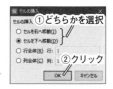

セルの挿入方法は、データの並び順にあったほうを選択します。

セルを挿入した結果

Memo 複数のセルを含む範囲を選択してから挿入すると、複数の空白セルを挿入できます。

■ 罫線を設定する

● グリッド線

シートに初めから表示されている、「行」と「列」を区切る格子状の線のことを「グリッド線」と呼びます。

「グリッド線」は、セルを編集するために表示される仮想的な線なので、シートを印刷する際には「グリッド線」は印刷されません。
「Spreadsheets」で作成した表を印刷したり、「Writer」のページに挿入したりする場合には、罫線を入れる必要があります。

●「その他の罫線」ボタンで簡単に罫線を入れる

「ホーム」ツールバーの「その他の罫線」ボタンは、セルの範囲に基本的な罫線を入れる機能です。

第3章 Spreadsheets

[1] 罫線を入れるセルの範囲をドラッグして選択する。

セル範囲の選択

[2]「ホーム」ツールバーを開き（①）、「その他の罫線」ボタン右側の▼をクリックして、罫線のメニューから罫線の種類を選んでクリックする（②）。

「その他の罫線」から選択

罫線を入れた例

　罫線のメニューから、罫線を選択する操作を行なうと、その罫線の種類が「その他の罫線」ボタンに読み込まれます。
　その後に「その他の罫線」ボタンをクリックすると、繰り返し同じ罫線を入力できます。

> **Memo** 設定ずみの罫線を消去する場合には、セルの範囲を選択してから、「その他の罫線」ボタンのメニューの「罫線なし」をクリックします。

●罫線の組み合わせを設定する

　「セルの書式設定」ダイアログの「罫線」タブを開くと、複数の種類の線を組み合わせた罫線を設定できます。
　一例として、「各セルに細線、周囲を太線」という罫線を設定してみましょう。

[3-2] セルの編集と表の作成

[1] 罫線を入れる範囲を選択して(①)、「その他の罫線」ボタン右の「▼」をクリックする(②)。メニューから、「その他の線」をクリック(③)。

「セルの書式設定」ダイアログを開く操作

[2]「線」の「スタイル」で、太線のボタンをクリックして線種を選択し(①)、「プリセット」の「外枠」ボタンをクリック(②)。

「セルの書式設定」ダイアログで、「罫線」タブの項目を設定します。

「線の種類を選択してから、罫線の位置を示すボタンをクリックする」という手順で、各罫線を設定します。

外枠の罫線を設定

[3]「線」の「スタイル」で、細線のボタンをクリックしてから(①)、「プリセット」の「内側」ボタンをクリック(②)。罫線が設定できたら「OK」ボタンをクリック(③)。

「内側」の罫線には、点線を選択してもいいでしょう。

「罫線」欄の周囲に並んでいるボタンをクリックすると、各辺の罫線を個別に設定できます。

「罫線」欄の左下と右下のボタンをクリックすると、データの無いセルに斜線を入れることができます。

内側の罫線を設定

第3章 Spreadsheets

「OK」ボタンをクリックして、「セルの書式設定」ダイアログを閉じると、設定内容が表の罫線に反映されます。

罫線を設定した表
上：編集画面の表示
下：印刷プレビューの表示

■ セルの背景色を設定する

● 背景色を設定する操作

項目ごとにセルの背景色を設定すると、表が見やすくなります。また、数値データのセルの背景色を1行おきに変えて、見やすくするような配色もよく使われます。

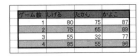

背景色を1行おきに変えた例

特定のセル範囲の背景色を変更するには、まず、セル範囲を選択します（①）。「ホーム」ツールバー（②）を表示して、「網掛けの色」ボタン右側の▼をクリックして（③）、カラーパレットから色をクリックします（④）。

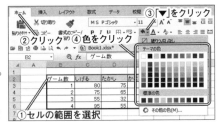

セルの背景色を設定

Memo 背景色を設定したセルを無色にする場合は、セルの範囲を選択してから、カラーパレット上段の「塗りつぶしなし」をクリックします。

背景色を設定する操作を行なうと、「網掛けの色」ボタンのアンダーラインが使用した色に変わります。

「網掛けの色」ボタンをクリックすると、アンダーラインと同じ色の背景色を設定できます。

「網掛けの色」ボタンの色表示

[3-2] セルの編集と表の作成

●書式をコピーする

「書式のコピー/貼り付け」の操作をすると、選択した範囲の書式だけを他の場所にコピーできます。

そのとき、セルに入力されているテキストや数値などのデータは、そのまま変わりません。この操作により、ある場所の背景色を他の場所にコピーすることもできます。

ただし、文字列に設定した「フォント」や「罫線」なども一緒にコピーされるので、書式の設定状況によって、その他の操作方法と使い分ける必要があります。

[1] コピー元の範囲を選択して(①)、「ホーム」ツールバー(②)の「書式のコピー/貼り付け」ボタンをクリック(③)。

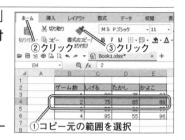

選択範囲の書式をコピー

この操作例では、「B4」から「E4」までのセルの書式をコピーして、「B6」から「E6」までのセルに貼り付けます。

[2] 貼り付ける場所の先頭列のセルをクリック。

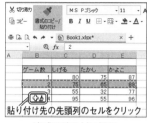

書式の貼り付け操作　　書式をコピーした結果

書式がコピーされると、「書式のコピー/貼り付け」ボタンの背景色が変化して、ポインタにブラシのマークが表示されます。

第3章 Spreadsheets

● 書式を連続的に貼り付ける

セルの範囲を選択してから(①)、「書式のコピー/貼り付け」ボタンをダブルクリックすると、「書式のコピー/貼り付け」ボタンが押されたままの状態になります(②)。

その後に貼り付ける場所をクリックすると、何度でも連続で貼り付けることができます(③)。

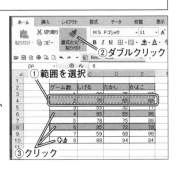

書式の連続貼り付け

連続貼り付けを終了するときは、「書式のコピー/貼り付け」ボタンをクリックします。

また、[Esc]キーを押して終了させることもできます。

■ 表の行と列を入れ替えて貼り付ける

以下の手順で、表のコピーと貼り付けの操作をすると、他の場所に行と列のデータを入れ替えて貼り付けることができます。

この操作方法を覚えておけば、さまざまな表計算データの編集に応用できます。

[1]表の範囲を選択して(①)、範囲内を右クリックする(②)。メニューから「コピー」をクリック(③)。

表のコピー

[2]貼り付ける位置のセルを右クリックして(①)、メニューから「形式を選択して貼り付け」をクリック(②)。

右クリックした位置のセルが、貼り付けた表の左上のセルになります。

右図の例では、コピー元の表と同じシートに貼り付けていますが、他のシートに貼り付けることもできます。

貼り付け位置の操作

[3-2] セルの編集と表の作成

[3]「貼り付け」欄で「罫線を除くすべて」を選択(①)。「行列を入れ替える」のチェックボックスをオンにする(②)。準備ができたら「OK」ボタンをクリック(③)。

「形式を選択して貼り付け」ダイアログ

「貼り付け」欄で「罫線を除くすべて」を選択すると、セルのデータのみを貼り付けます。

なお、この操作例で「罫線を除くすべて」に設定している理由は、罫線が設定されている表をコピーして、行と列を入れ替えて貼り付けた場合に、貼り付け先で表の罫線が乱れることが多いからです。

表の罫線は、必要に応じて貼り付け先で再設定してください。

「貼り付け」操作の結果

「貼り付け」欄の設定は、コピー元データの状態や貼り付けの目的に合わせて変更してください。罫線を含めて貼り付ける場合は、「すべて」を選択します。

■ 素早くテーブルの書式を設定する

●「テーブルの書式設定」ボタンの操作

表を「テーブル」にすると、より高度なデータ処理の機能が使えます。
また、表にカラフルな背景色を素早く設定することもできます。

*

「テーブルの書式設定」ボタンから、「テーブルのスタイル」をリストから選択して、表を「テーブル」に変換します。

なお、「テーブルのスタイル」の選択肢の中には、セルの書式が書き換わる設定が含まれています。

重要なデータを扱う場合には、テーブルを設定する前に、元データのバックアップ(複製データ)を保存しておくことをお勧めします。

第3章 Spreadsheets

[1] 表の範囲を選択して(①)、「ホーム」ツールバーを開く(②)。「テーブルの書式設定」ボタンをクリックして(③)、リストから「テーブルのスタイル」のボタン(サムネイル)をクリックする(④)。

「テーブルのスタイル」の設定操作

「表のスタイル」ツールバーの「テーブルのスタイル」ボタンは、表を縮小したイメージを表わしています。

図の例では、1行目が各列データのタイトルになっているので、「タイトル行」のスタイルを選択しています。

[2] 「先頭行をテーブルの見出しとして使用する」のチェックがオンになっていることを確認して、「OK」ボタンをクリック。

「表の書式設定」ダイアログ　　テーブルに変換された表

● データの絞り込み

表をテーブルに変換すると、見出しのセルに、小さな三角ボタンが表示されます。

その三角ボタンをクリックすると、「フィルタ」ダイアログが表示されます。

「フィルタ」ダイアログの設定を変更すると、テーブルに表示するデータを絞り込むことができます。

「絞り込み」は、三角ボタンをクリックしたセルの列のデータが基準になります。

「フィルタ」ダイアログ

[3-2] セルの編集と表の作成

≪チェックボックス≫

各データのチェックボックスで、「表示」と「非表示」を切り替えることができます。表示しないセルのデータは、チェックボックスをオフにします。

≪平均以上/平均以下≫

列の平均値を自動的に計算し、「平均以上」または「平均以下」で、表示を絞り込みます。

「平均以上」と「平均以下」のどちらかのボタンをクリックします。

≪トップテン≫

「トップテン」ボタンをクリックすると、「自動フィルタトップテン」ダイアログが表示されます。中央の数値欄で、表示する項目数を設定します。

左のボタンで「最大」を選択すると、数値の大きいほうのデータを表示し、「最小」を選択すると、数値の小さいほうのデータを表示します。

「自動フィルタトップテン」ダイアログ

●テーブルを通常の範囲に変換する

テーブル内のどれかのセルをクリックすると、「デザイン」ツールバーが表示されます(①)。

テーブルになっている表を通常のセルに戻す場合は、「範囲に変換」ボタンをクリックします(②)。

「テーブルを標準の範囲に変換しますか?」というダイアログが表示されたら、「OK」ボタンをクリックします(③)。

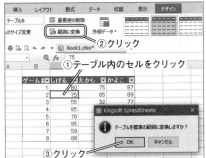

テーブルを範囲に変換

●テーブルに集計行を追加する

テーブルに「集計行」を追加すると、データの合計や平均などの計算結果を「集計行」のセルに表示できます。

第3章 Spreadsheets

[1]テーブル内のどれかのセルを右クリックする（①）。コンテキストメニューから「テーブル」をポイントし（②）、「集計行」をクリックすると、テーブル直下の行に「集計行」が追加される（③）。

この操作は、表全体を対象とした操作なので、右クリックするセルは、どれでもかまいません。

コンテキストメニューの操作

[2]「集計行」の空白のセルをクリックする（①）。

セルの右側に表示される「▼」をクリックして（②）、メニューから計算方法の項目をクリックする（③）。

計算方法の選択

この操作例では、E列の「集計行」には計算方法（合計）が自動的に入力され、C列とD列は空白という状態になっています。空白の「集計行」に計算方法を設定します。

[3]セルをダブルクリックして、「集計行」の名称を計算方法に合わせて変更する。

「集計行」を追加すると、自動的に「集計」という名称が入ります。これを計算結果に適合するように変更します。

名称の変更

■ セルの結合

● セルの結合の基本操作

「セルの結合」の操作を行なうと、複数のセルを連結して1つのセルとして扱えます。

「セルの結合」は、「空白セル」同士、または「1つのデータを含むセル」と「空白セル」という組み合わせで行なうのが基本です。

[3-2] セルの編集と表の作成

セルを結合するには、結合するセルの範囲を選択してから(①)、「ホーム」ツールバー(②)の「セルを結合して中央揃え」ボタンをクリックします(③)。

セルを結合する操作　　　　　　結合したセル

● セルの結合時に消えるデータ

複数のセルにデータが含まれる範囲を選択してセルを結合すると、左上のセルのデータのみが残り、その他の範囲内のデータは消えます。

左上にデータがない場合には、行番号が小さく、左上に近いセルのデータが残ります。

セルの結合時には、重要なデータを消さないよう、気をつけて操作してください。

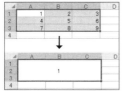
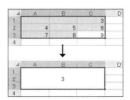

セルの結合とデータの例1
結合前(上)と結合後(下)。
左上のセル「A1」のデータが残る。

セルの結合とデータの例2
小さい行番号が優先され、「C1」のデータが残る。

Memo セルを結合すると、表の罫線が消える場合があります。その場合には、罫線を再設定してください。

第3章　Spreadsheets

●その他のセルの結合操作

「セルを結合して中央揃え」ボタンの文字のところをクリックすると、メニューが表示され、セルの結合方法を選択できます。

セルの結合方法のメニュー

＊

メニューには、次のような設定項目があります。

≪セルを結合して中央揃え≫

「セルの結合」と「データの中央揃え」設定を同時に行ないます。この項目は、「セルを結合して中央揃え」ボタン(上部)のクリックと同じ結果になります。

≪選択範囲内で結合≫

「2行×2列」以上のセルを選択したときに、選択範囲内の行を結合します。上下の境界線は結合しません。

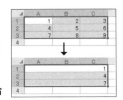

選択範囲内で結合

≪セルの結合≫

セルに設定されているデータの「揃え」の書式を変更しないで、セルの結合のみを行ないます。

≪選択範囲内で中央≫

セルのデータを選択範囲の幅の「中央揃え」に設定します。

≪セルの結合の解除≫

結合されたセルを解除し、元の状態に戻します。

[3-3] 計算と関数

3-3　計算と関数

■ 合計

● 列の合計を求める

「列」(縦方向)に並ぶデータの直後のセルに合計値を表示する場合は、データセルの範囲を選択してから(①)、「ホーム」ツールバーを開き(②)、「合計」ボタンをクリックします(③)。

複数列を選択した場合には、列ごとに関数が設定され、合計の計算結果が表示されます。

関数が設定されたセルをクリックすると、「編集バー」に関数が表示されます。

合計の関数を設定する操作

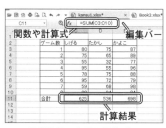
計算結果の表示と編集バー

● 合計値を表示するセルを指定する

先に空白のセルを選択してから、「合計」の関数を設定すると、データセルを合計した結果を任意の位置のセルに表示できます。

[1] 合計値を表示するセルをクリックして(①)、「合計」ボタンをクリック(②)。

計算結果の表示セルを設定

143

第3章 Spreadsheets

[2]青色の矩形範囲のハンドル(小さな四角)をドラッグして、合計するデータの範囲を設定する。

範囲を設定する操作　　　設定されたデータセルの範囲

まず、矩形範囲に表示された左上のハンドルを、データ範囲の左上のセルまでドラッグします。

次に右下のハンドルを、データ範囲の右下のセルまでドラッグすると、データの矩形範囲を設定できます。

> **Memo** 矩形範囲の選択には、まず左上のセルをクリックして、次に[Shift]キーを押しながら対角のセルをクリックするという操作方法もあります。

[3]範囲が設定できたら、[Enter]キーを押すと、計算結果が表示される。

必要に応じて、データ名や罫線を入力する。

計算結果の表示

● 平均値やデータの個数などを求める

「合計」ボタンの文字のところをクリックして、メニューから「平均値」「データの個数」「最大値」「最小値」を選択して設定できます。

たとえば、「平均値」を求めるには、データセルの範囲を選択してから、「合計」ボタンの文字のところをクリックして、メニューから「平均値」をクリックします。

計算結果は、それぞれの列の下のセルに表示されます。

[3-3] 計算と関数

平均値を求める

計算結果の表示

●平均値の小数点以下桁数を揃える

　セルの書式の初期設定では、小数点以下の桁数はセル幅に合わせて表示され、桁数が多くて表示しきれない場合には、最小桁直下の値を四捨五入した数値が表示されます。
　また、小数点以下の数値が無い場合には、小数点以下の数値(たとえば「.00」など)は表示されません。

＊

　小数点以下の桁数を揃えて表示したい場合は、以下の手順で書式の設定を変更します。

[1] 書式を変更するセルの範囲を選択して(①)、範囲内のセルを右クリックする(②)。コンテキストメニューから「セルの書式設定」をクリック(③)。

　この手順の例では、選択した3つのセルを同じ書式に設定します。

> **Memo　ショートカット**
> 「セルの書式設定」ダイアログを開く：
> [Ctrl + 1]

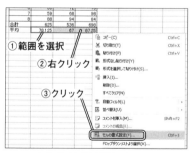
セルのコンテキストメニュー

[2]「セルの書式設定」ダイアログの「数値」タブを開き(①)、「カテゴリー」欄の「数値」をクリックする(②)。
　「小数点以下の桁数」の数値を設定して(③)、「OK」ボタンをクリック(④)。

「小数点以下の桁数」の数値は、上下の「▲」ボタンをクリックして変更します。また、数値を直接入力することもできます。

右図の例では、「小数点以下の桁数」を2桁に設定しています。

「セルの書式設定」ダイアログ

[3] 小数点以下の桁数の表示を確認する。

桁数を設定したセルで、小数点以下の桁数が揃っているのを確認してください。

■「関数」を挿入する

●「関数の挿入」ダイアログを開く操作方法

「合計」ボタンの文字のところをクリックして(①)、メニューから「その他の機能」をクリックすると、「関数の挿入」ダイアログが表示されます(②)。

このダイアログから、いろいろな関数を選択できます。

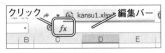

「関数の挿入」ダイアログを開く操作

また、「編集バー」左側の「関数の挿入」ボタンをクリックすると、素早く「関数の挿入」ダイアログを表示できます。

「関数の挿入」ボタン

●「関数の挿入」ダイアログの操作

「関数の分類」のプルダウンメニューから、関数の種類を選択して絞り込めます。

「関数の選択」欄から、設定する関数を選択して「OK」ボタンをクリックします。

それぞれの関数に対応したダイアログが表示されるので、ダイアログの表示に従って必要な項目を設定します。

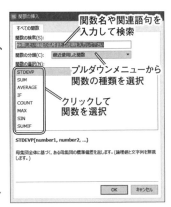

「関数の挿入」ダイアログ

[3-3] 計算と関数

●「標準偏差」を求める

　関数の入力例として、「標準偏差」を求める表を作成してみましょう。「標準偏差」は、統計値の散らばり具合を表す数値です。

[1]「標準偏差」の結果を表示するセルをクリックして(①)、「関数の挿入」ボタンをクリック(②)。

結果を表示するセルを設定

[2]「関数の挿入」ダイアログの「関数の検索」欄に「STD」と入力(①)。「関数の選択」欄から「STDEVP」をクリックして、「OK」ボタンをクリック(②)。

　「STDEVP」は、ある母集団の標準偏差を求める関数です。

「関数の挿入」ダイアログ

[3]「関数の引数」ダイアログが開いたら、「数値1」欄で編集カーソルが点滅しているのを確認して、対象となる母集団のデータ範囲のセルをドラッグする(①)。
　「数値1」欄にセルの範囲が入力されたら(②)、「OK」ボタンをクリック(③)。

対象データのセルを設定

[4]「ホーム」ツールバーの「小数点以下の表示桁数を増やす/減らす」ボタンをクリックして、小数点以下の桁数を設定。

第3章 Spreadsheets

必要以上に小さな桁が表示されている場合は、「小数点以下の表示桁数を減らす」ボタンをクリックして調節します。

小数点以下の表示桁数を減らした場合は、表示しない桁を四捨五入した数値を表示します。

計算結果の表示　　標準偏差の計算結果

■ 数式を設定する

● 数式の入力

「セル」には、「加算(足し算)」「減算(引き算)」「乗算(かけ算)」「除算(割り算)」などの「四則演算」や、「べき乗」などの「数式」を設定できます。

「数式」の編集は、「編集バー」またはセルで行ないます。

「四則演算」の設定例として、「減算」の数式を入力してみましょう。演算子は半角文字で入力します。

[1]減算の結果を表示するセルをクリックして(①)、「編集バー」またはセルに「=」を入力(②)。

「=」を入力

[2]引かれる数値のデータセルをクリックしてから(①)、結果のセルに「-」を入力(②)。

引かれるセルの指定と演算子の入力

[3]引く数値のデータセルをクリックして、[Enter]キーを押す。

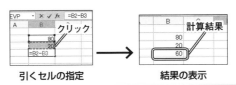

引くセルの指定　　　　結果の表示

[3-3] 計算と関数

● 算術演算子

数式に使える演算子には、以下のようなものがあります。

パーセンテージ	%
べき乗	^
乗算（かけ算）	*
除算（割り算）	/
加算（足し算）	+
減算（引き算）	-

● 偏差値を求める

母集団の「平均値」と「標準偏差」が分かれば、偏差値を算出できます。
「偏差値」は、次のような数式で求められます。

$$偏差値 = \frac{得点 - 平均点}{標準偏差} \times 10 + 50$$

「標準偏差を求める」で作成した表に、偏差値の数式を設定します。

[1]「偏差値」を表示するセルをクリックして、「=(」を入力する（①）。

「偏差値」算出の基になるデータセルをクリック（②）。

「=(」を入力

②基になるデータのセルをクリック

[2] 数式に「-」を追記して（①）、「平均点」の表示セルをクリックする（②）。

[F4]キーを押して、セル番地を「絶対参照」に設定する（③）。

「平均点」を「絶対参照」にする

①数式に「-」を追記
②クリック　③[F4]キーを押す

この手順の例では、[F4]キーを押すと、数式の「D8」の表示が、「D8」に変わります。

第3章 Spreadsheets

[3]数式に「)/」を追記する(①)。「標準偏差」の計算結果を表示するセルをクリック(②)。[F4]キーを押して、セル番地を「絶対参照」に設定する(③)。

「標準偏差」を「絶対参照」にする

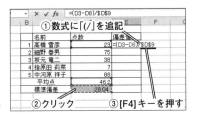

[4]数式に「*10+50」を追記して、[Enter]キーを押す。

　数式の入力が完了すると、数式のセルに計算結果が表示されます。

数式の入力の完了　　数式に「*10+50」を追記

[5]数式を入力したセルをクリック。「ホーム」ツールバーの「小数点以下の表示桁数を増やす/減らす」ボタンをクリックして、小数点以下の桁数を調節する。

表示桁数の調節

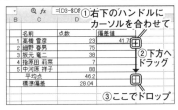

[6]数式を入力したセルが選択された状態で、セル右下のハンドル(小さな四角)に正確にマウスカーソルを合わせて(①)、真っ直ぐ下にドラッグする(②)。

　「平均点」の行までドラッグしたら、マウスのボタンを放す(③)。

計算式のセルをコピー

[7]数式がドラッグしたセルにコピーされ、各行の偏差値の計算結果が表示される。

　「平均点」の偏差値が「50」になっていれば、数式は正しく入力されています。

計算結果の表示　　「平均点」の偏差値は「50」になる

[3-3] 計算と関数

≪セル番地の参照方法について≫

数式にセル番地を入力する際に、たとえば、セルをクリックしてセル番地「D8」を入力したときに [F4]キーを押すと、セル番地の表記が「D8」のように変化します。

「$」が付いたセル番地は、「絶対参照」であることを表わします。

「絶対参照」のセル番地は、数式のセルをコピーして他のセルに貼り付けた際に、常に同じ番地のセルを参照します。

さらに[F4]キーを押すと、セル番地の「行」または「列」のどちらかのみに「$」を付けて、「行のみ」あるいは「列のみ」を、「絶対参照」にできます。

このような参照方法を「複合参照」と呼びます。
セル番地の参照方法は、[F4]キーを押すたびに切り替わります。

*

数式に入力した通常のセル番地は「相対参照」として扱われます。

通常のセル番地を含む数式を他のセルに貼り付けた場合は、自動的に参照するセル番地が相対的に変化して設定されるため、数式をコピーしたときに逐一セル番地を修正する手間が省けます。

なお、[F4]キーを使わずに、直接数式を編集して「$」を入力してもかまいません。

■ IF関数

「IF(イフ)関数」は、「条件分岐」の関数です。

「IF関数」を使うと、設定した論理式に従って、「データセル」の値を判定した結果を表示できます。

*

「IF関数」の例として、『60点以上で「合格」とする判定』を表に追加してみましょう。

第3章 Spreadsheets

[1] 判定結果を表示するセルをクリックして(①)、「数式」ツールバーを開く(②)。
「論理」ボタンをクリックして(③)、メニューから「IF」をクリック(④)。

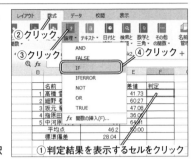

「論理」ボタンのメニュー選択 ／ ①判定結果を表示するセルをクリック

[2]「関数の引数」ダイアログが表示されたら、判定対象のデータセルをクリックする(①)。
ダイアログの「論理式」欄のセル番地に続けて、「>=60」を入力する(②)。

「真の場合」欄に、判定結果が「真」の場合に表示する文字列を入力(③)。

「偽の場合」欄に「""」(半角のダブルクォーテーション2つ)を入力(④)。

準備ができたら「OK」ボタンをクリック(⑤)。

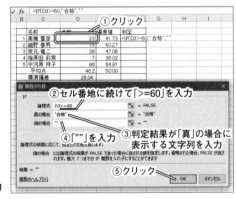

「関数の因数」ダイアログの入力

「偽の場合」欄の「""」は、「偽」と判定した場合に、判定結果のセルに何も表示しないことを意味します。

「""」を入力しない場合には、「FALSE」(偽)と表示されます。「偽」判定の場合に文字列を表示する場合は、「偽の場合」欄に任意の文字列を入力してください。

たとえば、「"不合格"」と入力すると、「偽」のときに「不合格」という判定結果が表示されます。

なお、文字列を入力すると、その文字列には、「""」が自動的に付きます。

[3-3] 計算と関数

[3]「IF関数」を設定したセルの右下のハンドル(角)をドラッグして、その他の判定対象の行にコピーする。

ドラッグ操作でセルをコピー

セルの右下のハンドルに正確にカーソルを合わせてドラッグしてください。IF関数の設定が完了すると、判定結果が表示されます。

判定結果の表示

≪「数式」ツールバー≫

「IF関数」の設定では、「論理」ボタンのメニューから関数を選択しましたが、「数式」ツールバーには、その他にもさまざまな関数のボタンが並んでいます。

これらのボタンのメニューには、関数のジャンルごとに分類された項目がまとめられています。

「数式」ツールバー

≪比較演算子の種類≫

「比較演算子」は、2つの値の比較を表す演算記号で、以下のような種類があります。

=	左辺と右辺が等しい
>	左辺が右辺より大きい
<	左辺が右辺より小さい
>=	左辺が右辺以上
<=	左辺が右辺以下

第3章 Spreadsheets

■ セル範囲の記述方法

数式の入力では、参照するセル範囲を設定することが多いので、「セル範囲」の指定方法を覚えておきましょう。

● 連続する範囲

連続する範囲はコロン「:」で区切ります。

矩形の範囲を指定する場合は、「左上角」と「右下角」のセル番地を入力します。

【例】

行の範囲を指定	D2:D2
列の範囲を指定	C2:C5
矩形範囲を指定	D3:F5

● 個々のデータおよび複数の範囲

複数の個別のセルや範囲を指定する場合は、カンマ「,」で区切ります。

【例】 A2,B5,C4:C8,D10:F15

● 共通範囲

複数の範囲を指定して、共通する範囲を対象範囲にする場合は、セル範囲の区切りに「半角スペース」を入力します。

【例】 B2:C6 B4:D5

右図の例では、「B2:C6」と「B4:D5」の共通範囲「B4:C5」(背景がグレーの部分)のセルを計算対象として、「SUM」(合計)の結果を「B7」セルに表示しています。

共通範囲の計算例

■ 数式のエラーチェック

● エラー値の表示例

数式が間違っていたり、データの指定が正しくなかったりすると、セルに「エラー値」が表示されます。

[3-3] 計算と関数

セルにエラー値が表示された場合は、「数式」や「値」などの誤りを確認して修正する必要があります。

*

右図は、他のシートから、数式の含まれる表をコピーした際にエラー値が表示された例です。

本来「偏差値」の計算結果が表示されるセルに「#VALUE!」という文字列が表示されています。

エラー値の例

「#VALUE!」は、「数式の引数」「値」「参照セル」「関数」などが正しくない場合に表示されるエラー値です。

●エラー値の修正

エラー値が表示された場合には、数式の誤りを見つけて修正する必要があります。

*

数式のセルを修正するには、そのセルをダブルクリック、またはセルを選択してから「編集バー」をクリックします。

数式のセルを編集状態にすると、「参照セル」に操作用のハンドルが付いた枠が表示されるので、その数式がどのセルを参照するか確認できます。

数式に複数の「参照セル」が含まれていれば、それらすべてのセルに枠が表示されます。

表のコピーと数式の修正

エラーが出る原因には、さまざまな理由がありますが、よくあるエラーの1つに、「数式が間違ったセルを参照している」という場合があります。

*

第3章 Spreadsheets

　前ページ図の例は、「Sheet1」(左のシート)から「Sheet2」(右のシート)に表を貼り付けたところですが、「貼り付けた表の範囲が、元のシートのセル番地と異なっている」という状態になっています。
　その場合には、数式の「絶対参照」のセル番地は、変わらずにそのまま貼り付けられるので、そのセル番地のデータを読み込んで計算します。

　たとえば、表を貼り付けたときに、「絶対参照」のセル番地に「テキスト・データ」がある場合には、数式の計算ができないので、エラーになります。
　「参照セル」の間違いによるエラー値が表示された場合には、セルの数式を編集して、正しいセル番地に修正します。
　修正した数式を、他の数式セルにコピーすれば、表の修正は完了します。

　コピー元の数式のセルを選択してから、セルのハンドルを下方にドラッグすると、素早くコピーできます。

　エラーメッセージの表示が消えて、正しく計算結果が表示されていることを確認できれば、数式の修正は完了です。

修正した数式をコピー　　　　ドラッグしてコピー

●いろいろなエラー値

　エラー値の例として「#VALUE!」を紹介しましたが、他にも多くのエラー値があります。
　エラー値が表示されたら、セルの「数式」や「データ」などを修正して、エラーの原因を解消する必要があります。

≪#####≫

意味	数値の桁数が多いため、セルに表示できない。
修正	セルの幅を広げる。

[3-3] 計算と関数

≪#DIV/0!≫

意味	除数が 0 または空白セルを参照して除算を行なっている。
修正	0 以外の数値を入力、または参照セルを修正する。

≪#N/A!≫

意味	検索関連の関数で、検索に一致するデータが存在しない。
修正	検索関数で設定した値、参照セルの範囲、参照セルのデータなどを確認して、誤りを修正する。

検索関連の関数には、値を検索する「LOOKUP」、配列またはテーブルの先頭行の値を検索する「HLOOKUP」、配列の要素を検索して相対位置の値を返す「MATCH」などがあります。

≪#NAME?≫

意味	関数名やセルの範囲名などが正しくない。
修正	不正な名前を修正する。

右図の例では、「COUNT」という関数名を、誤って「CAUNT」と入力しているため、エラー値「#NAME?」が表示されています。

「COUNT」は、特定範囲内の数値が含まれるセルの個数を数える関数です。

エラー値「#NAME?」の例　誤りを修正する

≪#NULL!!≫

意味	数式に複数の参照範囲を指定して、セル番地の範囲を半角スペースで区切った場合に、共通範囲が存在しない。
修正 1	[区切り記号の入力ミス]：参照範囲を指定したときの区切りに、誤って半角スペースを入力してしまった場合は、正しい記号 (「:」「,」など) に修正する。
修正 2	[参照範囲の設定ミス]：参照範囲を確認して、複数の参照範囲に共通範囲が含まれるように修正する。

≪#NUM!≫

意味	数式の計算結果が計算可能な数値の範囲を超えている。
修正	計算可能な範囲で計算するように修正する。

第3章 Spreadsheets

「Spreadsheets」では、約「1.8x10308」を超えた数値は扱えません。

エラー値「#NUM!」

≪#REF!≫

意味	数式が参照するセルが無効になっている。数式の参照先に設定されているセルを含む行や列を削除した場合などに表示される。
修正	削除したデータの再設定や、他のデータセルを参照するよう数式を変更するなどして、数式が整合するように修正する。

3-4 「グラフ」の作成

■ 表からグラフを作成する

グラフの作成機能を使うと、表のデータからさまざまな「グラフ」を作ることができます。

セルの数値データとともに、データ名などのテキストデータもグラフに反映させることができます。

*

「グラフ」には、「棒グラフ」「折れ線グラフ」「円グラフ」など、いろいろな種類があります。グラフ作成の例として、月ごとに集計したデータから、年間の合計数の推移を表す棒グラフを作成してみましょう。

[1] グラフにするデータセルの範囲を選択して(①)、「挿入」ツールバーを開き(②)、「グラフ」ボタンをクリック(③)。

データの「タイトル行」を含めて選択すると、「タイトル行」の情報がグラフに挿入されます。

データセルのみを選択した場合には、デフォルトの項目名等がグラフに挿入されます。これらの情報はグラフの作成後に変更できます。

グラフにするデータセルを選択

[3-4]「グラフ」の作成

[2]「グラフの挿入」ダイアログの左のリストから、グラフのジャンル名をクリックして選択する(①)。
　グラフのアイコンをクリックして(②)、「OK」ボタンをクリック(③)。

　この手順の例では、「縦棒」グラフの中から、「積み上げ縦棒」というグラフを作成しています。

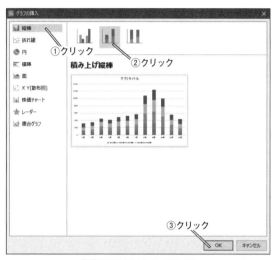

「グラフの挿入」ダイアログ

　「積み上げ縦棒」では、各項目の棒グラフに、値の相対的な割合を色分けして表示します。
　各項目の合計の変化と同時に、値の相対的な変化も視覚的に表現できます。

[3] グラフエリア内の何もないところにポインタを合わせて、グラフをドラッグして移動する。

　グラフは、画像などと同じようにオブジェクトとして扱います。
　グラフをドラッグして、配置したい場所に移動します。

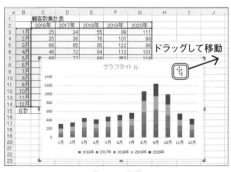

グラフの移動

第3章 Spreadsheets

■ グラフの編集

● グラフのサイズを変更する

≪ドラッグ操作でサイズを変更≫

グラフオブジェクトを選択すると、その周囲に枠線が表示されます。

「枠線」には、四隅と各辺に8個のハンドルが表示されます。ハンドルにポインタを合わせてドラッグすると、グラフのサイズを自由に変更できます。

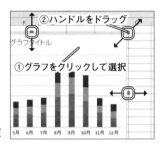

ハンドル操作でサイズを変更

≪描画ツールからサイズを変更≫

グラフを選択すると、ツールバーに「描画ツール」「テキストツール」「グラフツール」のタブが表示されます(①)。

「描画ツール」を開いて(②)、「高さ」と「幅」の数値で、グラフのサイズを変更できます(③)。

「描画ツール」の「高さ」と「幅」でサイズを変更

それぞれの数値欄の「+」をクリックするとサイズを拡大し、「-」をクリックすると縮小します。

また、数値を直接編集して変更することもできます。

≪グラフの「縦横比」を固定する≫

グラフの「縦横比」を固定する設定にすると、「縦横比」を保持したままグラフのサイズを変更できます。

[3-4]「グラフ」の作成

[1] グラフエリア内の空欄を右クリックして（①）、コンテキストメニューから「グラフエリアの書式設定」をクリック（②）。

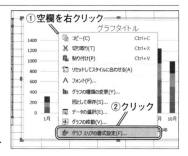

グラフエリアのコンテキストメニュー

[2]「ワークウィンドウ」の「プロパティ」の画面で、「グラフオプション」の「サイズとプロパティ」をクリックして（①）、「サイズ」の項目から（②）、「縦横比を固定する」のチェックボックスをクリックしてオンにする（③）。

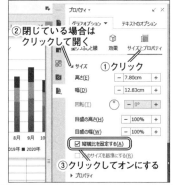

　グラフの「プロパティ」は、ワークウィンドウに表示されます。「プロパティ」とは、特定の機能や項目などに関する詳細な設定です。

グラフエリアのコンテキストメニュー

●グラフのタイトルを編集する

≪タイトルの移動≫

　グラフを作ると、グラフエリアに暫定的な「タイトル」が挿入されます。
　グラフの内容に合わせて、「タイトル」のテキストを編集します。

　タイトルのテキストをクリックすると選択された状態になり、タイトルの枠線にポインタを合わせてドラッグすると、好きな位置に移動できます。

タイトルの移動

≪テキストの編集≫

　タイトルが選択されているときに、もう1度クリックすると、テキストを編集できる状態になります。

テキストの編集

第3章 Spreadsheets

テキストをダブルクリックすると、枠内のテキストの1行が選択され、新しいテキストを入力できます。

● グラフの色を変える

「棒グラフ」の色は、データのグループごとにまとめて変更できます。

[1] 色を変えたいグループの「棒グラフ」を右クリックして(①)、コンテキストメニューから「データ系列の書式設定」をクリック(②)。

「棒グラフ」の右クリックする位置は、同じ色の「グループ」なら、どこでもかまいません。
1箇所をクリックすると、同じグループの色はすべて選択されます。

色を変える「グループ」を選択

[2] 「系列」オプションの「塗りつぶしと線」をクリックする(①)。「色」ボタンをクリックして(②)、「カラーパレット」の色をクリックする(③)。

グラフの色は、「カラーパレット」でクリックした色に変わります。

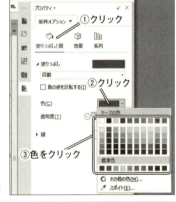

「カラーパレット」から色を選択

≪個別に色を変えるには？≫

色分けされた「棒グラフ」の1箇所だけを変えたい場合は、まず1箇所をクリックして、「グループ」を選択します(①)。

次に、「変えたい位置の棒グラフ」をクリックすると、1箇所だけが選択された状態になります(②)。

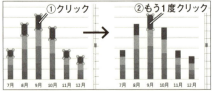

棒グラフの1箇所だけを選択する操作

[3-4]「グラフ」の作成

1箇所を選択して、色を変える操作をすると、その箇所のみ、色が変わります。

●「凡例」の配置を変える

「凡例」(はんれい)とは、グラフの色分けされた領域や線などの意味を説明するための記述です。

「棒グラフ」を作ると、「凡例」はグラフの下側に配置されます。
凡例の位置を変更するには、グラフのプロパティ(グラフエリアの書式設定)の画面で、以下のように操作します。

[1]「グラフオプション」タブ右の「▼」をクリックして(①)、プルダウンメニューから「凡例」をクリックする(②)。

「凡例オプション」を開く

[2]「凡例」ボタンをクリックして(①)、「凡例の位置」のリストから、配置したい位置のラジオボタンをクリックする(②)。

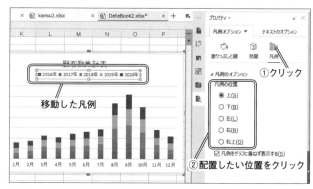

「凡例の位置」を選択

「凡例の位置」を変更すると、その変更内容は即座にグラフに反映されます。

163

第3章 Spreadsheets

●行と列の切り替え

「表からグラフを作成する」で説明した手順では、複数年のデータを「月ごと」に集計した「棒グラフ」を作りました。

「棒グラフ」の基となる表の「行」と「列」を切り替えると、「年ごと」に集計した「棒グラフ」を作ることができます。

[1]グラフをクリックして選択する(①)。ツールバーの「グラフツール」をクリックして開き(②)、「行/列の切り替え」ボタンをクリックする(③)。

「行」と「列」を切り替える前は、「月ごと」に集計し、「年ごと」に色分けした「棒グラフ」になっています。

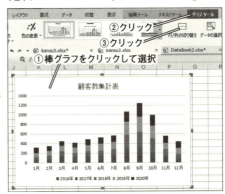

行と列を切り替える操作

[2]表の「行」と「列」を切り替えた「棒グラフ」が作成される。

表の「行」と「列」を切り替えた結果、「年ごと」に集計して、「月ごと」に色分けしたグラフになりました。

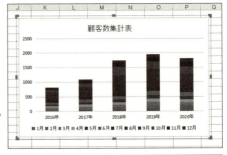

行と列を切り替えた棒グラフ

■ 複合グラフ

●「複合グラフ」の作成

右図は、ある製品の「出荷数」と「在庫数」の月毎のデータをまとめた表の例です。

この表からグラフを作成

	A	B	C	D	E
1					
2			1月	2月	3月
3		出荷数	250	325	560
4		在庫数	38	125	88
5					

[3-4]「グラフ」の作成

　この表を基にして、「出荷数」の棒グラフに、「在庫数」の「折れ線グラフ」を重ねた「複合グラフ」を作成してみましょう。

[1] まず、表全体のセル範囲を選択する(①)。「挿入」ツールバーを開いて(②)、「グラフ」ボタンをクリック(③)。

表の選択

[2] 左のグラフの種類から「複合グラフ」をクリックする(①)。「複合グラフ」の種類のボタンをクリックして選択する(②)。

「グラフの挿入」ダイアログ

　この手順の例では、「集合縦棒－折れ線」の複合グラフが選択されています。

[3]「組合せグラフの作成」欄の「系列名」と「グラフの種類」の組み合わせを確認する。
　変更する場合は、それぞれのボタンをクリックして、プルダウンメニューからグラフを選択する(①)。
　準備ができたら「OK」ボタンをクリック(②)。

「グラフの種類」を確認

第3章 Spreadsheets

[4]グラフのタイトルを2度クリックして、適切な名称のテキストを入力する。

　グラフのタイトルは、1度のクリックで選択され、もう1度クリックすると、編集できる状態になります。

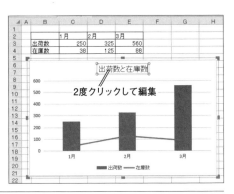
「複合グラフ」の完成

● 第2軸項目を設定する

　「複合グラフ」では、単位や指標の異なる複数のデータを同時に扱う場合があります。

　そのような場合には、グラフの目盛りに「第2軸項目」を設定します。

　たとえば、右図の表では、「数量」と「金額」を集計しているので、それぞれの単位は異なります。

「単位」や「レンジ」の異なるデータの例

　また、「レンジ」(数値の変動幅)も、大きく異なっています。

　このようなデータを複合グラフ化する際には、「第2軸項目」を設定する必要があります。

　「第2軸項目」を設定するには、「グラフの挿入」ダイアログで、左側の項目から「複合グラフ」をクリックし(①)、「集合縦棒－第2軸の折れ線」を選択します(②)。準備ができたら「OK」ボタンをクリックします(③)。

　この「複合グラフ」では、「系列名」のどれかの項目で、「組合せグラフの作成」欄の「第2軸項目」のチェックボックスがオンに設定されます。

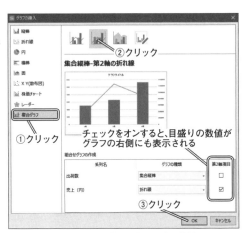
複合グラフの「第2軸項目」の数値

[3-4]「グラフ」の作成

グラフ上の「第2軸項目」には、「系列名」のデータに合わせて、目盛りの数値が自動的に挿入されます。

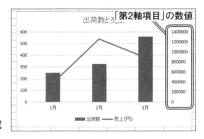

「第2軸項目」を含む複合グラフの作成

●軸タイトルを追加する

「挿入」ツールバーの「グラフ」ボタンから、「棒グラフ」や「折れ線グラフ」などを作った際に、「縦軸」の数値の意味を示す「タイトル」は入っていません。

「縦軸」に「タイトル」を追加するには、「グラフ要素の追加」の機能から、軸タイトル用の「テキスト・ボックス」を追加します。

[1]グラフ上の空欄をクリックして、グラフを選択する(①)。
ツールバーの「グラフツール」タブをクリックして(②)、「グラフ要素の追加」ボタンをクリックする(③)。
メニューから「軸タイトルの追加」をポイントして(④)、「主縦軸」をクリック(⑤)。

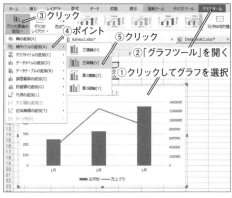

グラフ要素の追加

「第2軸項目」に軸タイトルを追加する場合は、「軸タイトルの追加」のサブメニューから「第2縦軸」をクリックします。

第3章 Spreadsheets

[2] 追加された「軸タイトル」をクリックして、テキストを編集する。

「軸タイトル」の「テキスト・ボックス」の範囲外をクリックすると、「軸タイトル」の選択が解除されます。

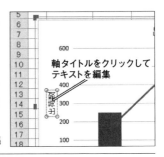

軸タイトルのテキスト編集

●「軸タイトル」の向きを変える

グラフエリア内の「軸タイトル」は、「テキスト・ボックス」の向きを変えたり、テキストを「縦書き」にしたりすることができます。

[1] 「テキスト・ボックス」を右クリックして(①)、コンテキストメニューから「軸タイトルの書式設定」をクリック(②)。

この操作を行なうと、ワークウィンドウに「プロパティ」が開きます。

「軸タイトルの書式設定」を開く

[2] 「テキストのオプション」タブをクリックして(①)、「テキストボックス」ボタンをクリック(②)。

「配置」をクリックして開き(③)、「文字列の方向」のプルダウンメニューから(④)、「テキストの方向」の設定項目を選択する(⑤)。

文字列の方向を変える

「配置」以下の内容が表示されている場合は、「配置」をクリックする必要はありません。

「縦書き」にする場合は、プルダウンメニューから「縦書き」をクリックして選択します。

「縦書き」の軸タイトル

[3-4]「グラフ」の作成

「横書き」を選択すると、「テキスト・ボックス」が横向きに変わります。
「積み上げ」を選択すると、半角英数の文字を縦書きにできます。

■ グラフのコピー

作成したグラフは、コピーして、「Writer」や「Presentation」に貼り付けて利用できます。

まず、「Spreadsheets」の画面で、グラフエリア内の空欄を右クリックして(①)、コンテキストメニューから「コピー」をクリックします(②)。

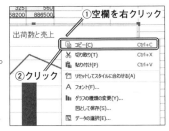

グラフのコピー

「Writer」や「Presentation」の画面を開いて、「ホーム」ツールバー (①) の、「貼り付け」ボタンをクリックします (②)。

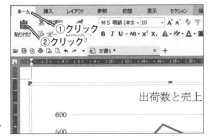

グラフを「Writer」に貼り付け

Memo グラフエリアのコンテキストメニューから、「図として保存」をクリックすると、グラフを画像として保存できます。

第4章

Presentation

　「Presentation」は、プレゼンテーション用の資料ファイルを作るソフトです。
　「Presentation」で作った資料は、ディスプレイモニタやプロジェクターのスクリーンなどに、「テキスト」や「画像」などを「スライドショー形式」で表示できます。
　必要に応じて、プレゼンテーションに「動画」を挿入することもできます。
　　　　　　　　　　＊
　「Presentation」には、「表」や「グラフ」を挿入した「資料作成」や、「アニメーション効果」「プレゼンテーションの自動再生」など、プレゼンテーションに必要な多くの機能があります。
　もちろん作った資料を印刷して、配布するような用途にも使えます。

第4章 Presentation

4-1 「Presentation」の編集画面

■ 3種類の表示モード

「Presentation」には、「標準」「スライド一覧」「簡易表示」の3種類の表示モードがあります。

●標準

「標準」は、資料の「作成」と「編集」を行なうための表示モードです。
他の表示モードから「標準」にするには、「表示切り替え」ボタンの「標準」ボタンをクリックします。

*

プレゼンテーションで表示するページのことを「スライド」と呼びます。
「標準」画面の左側の領域を「スライド・ペイン」と呼びます。

「スライド・ペイン」の表示には、「スライド」と「アウトライン」の2種類があり、操作の目的に合わせて表示を切り替えることができます。
表示を切り替えるには、「スライド・ペイン」上部の「スライド」または「アウトライン」タブをクリックします。

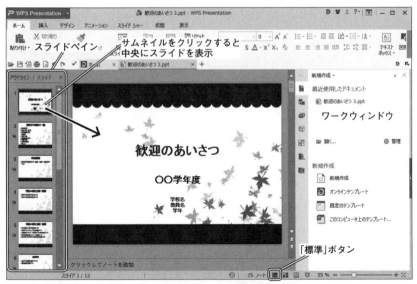

「標準」モードの画面構成

[4-1] 「Presentation」の編集画面

≪「スライド」タブ≫

「スライド・ペイン」の表示が「スライド」のときに、サムネイル(縮小画像)をクリックすると、そのスライドを中央に表示します。

≪「アウトライン」タブ≫

「アウトライン」は、各スライドの内容を確認しながら、構成をまとめるための表示モードです。

編集画面の左側には、プレゼンテーションのテキスト要素が表示され、各スライドの内容を確認できます。

「アウトライン」のテキストをクリックすると、その部分のスライドを中央に表示します。

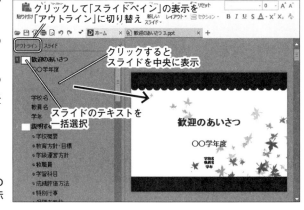

スライド・ペインの「アウトライン」表示

●スライド一覧

「スライド一覧」モードでは、各スライドを縮小した画像を表示します。

多くのスライドを一覧表示にできるので、スライドを表示する順番の入れ替作業に適した表示モードです。

「スライド一覧」モード

173

第4章 Presentation

「スライド一覧」を表示するには、編集画面下段にある、「表示切り替えボタン」の「スライド一覧」ボタンをクリックします。

●簡易表示

「簡易表示」モードは、スライドを大きく表示して、スライドの再生時の表示を確認するための表示モードです。

「表示切り替えボタン」の「簡易表示」ボタンをクリックすると、「標準」や「スライド一覧」で選択されているスライドが大きく表示されます。

「簡易表示」ボタン

「次」ボタンをクリックすると、次のスライドを表示します。「上」ボタンをクリックすると、1つ前のスライドを表示します。

この操作を左右の矢印キーで行なうこともできます。

[ESC]キーを押すと、元の表示モードに戻ります。

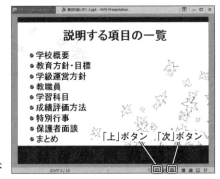

「簡易表示」モード

●「表示」ツールバーから切り替える

3種類の表示モードは、「表示」ツールバーから切り替えることができます。

「表示」ツールバーの「標準」「スライド一覧」「簡易表示」の各ボタンをクリックして、画面表示を切り替えます。

「表示」ツールバーの「表示切り替え」ボタン

[4-1]「Presentation」の編集画面

■ スライドの再生

「スライドショー」は、プレゼンテーションを再生するための機能です。

ディスプレイモニタやプロジェクターなどに、スライドをフルスクリーン(全画面表示)で表示できます。

「スライドショー」を開始するには、「スライドショー」ツールバーを開いて、「最初から」ボタンをクリックします。

選択されているスライドからスライドショーを開始する場合は、「現在のスライドから」ボタンをクリックします。

「現在のスライドから」ボタンは、編集画面下段の「表示切り替えボタン」のところにもあります。

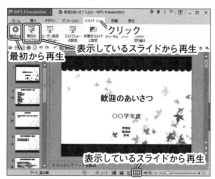

スライドショーの開始

> **Memo** ショートカット
> 「スライドショー」の開始:[F5]

■ Presentationのファイル形式

● ファイル形式の種類

「Presentation」で扱えるプレゼンテーションのファイル形式には、次のような種類があります。

ファイルの種類	拡張子
WPS Presentation	.dps
WPS Presentation テンプレート	.dpt
Microsoft PowerPoint 97-2004	.ppt
Microsoft PowerPoint 97-2004 テンプレート	.pot
Microsoft PowerPoint 97-2004 スライドショー	.pps
Microsoft PowerPoint 2007 以降	.pptx
Microsoft PowerPoint 2007 以降 テンプレート	.potx
Microsoft PowerPoint 2007 以降 スライドショー	.ppsx

「PowerPoint形式」のファイルは、「Microsoft PowerPoint」と互換性があります。

第4章 Presentation

●スライドショー形式の役割

「Microsoft PowerPoint スライドショー形式」(「.pps」または「.ppsx」)で保存したファイルを「エクスプローラ」などのファイルマネージャから開くと、即座にスライドショーの再生が始まります。

「スライドショー形式」で保存しておくと、実際にプレゼンテーションを行なうときに、素早く再生を開始できます。

4-2 プレゼンテーションの作成と保存

■ 基本的なファイル操作

●プレゼンテーションの新規作成

新しいプレゼンテーションを作るには、「ファイルタブ」または「ワークウィンドウ」のメニューから、「新規作成」をクリックします。

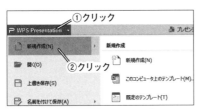
ファイルタブから新規作成

ワークウィンドウから新規作成

●既存ファイルを開く

前回の続きの作業を行なう場合は、「ファイルタブ」のメニューから「開く」をクリックして、編集する「プレゼンテーション・ファイル」を選択します。

編集を始めるファイルの名前が「最近使用したドキュメント」欄のリストに表示されている場合は、ファイル名をクリックして素早く開くことができます。

ファイルを開く

[4-2] プレゼンテーションの作成と保存

●ファイルを保存する

プレゼンテーションの編集を終えるときは、必ずファイルを保存してください。

「ファイルタブ」の「上書き保存」をクリックすると、保存してあるファイルを上書きして更新します。

別名で保存する場合は「名前を付けて保存」をクリックします。

ファイルの保存

●ファイルを「圧縮」して保存する

ファイルの「圧縮」とは、ファイル形式を「圧縮ファイル」に変換して、ドキュメントファイルなどのサイズを小さくすることです。

「圧縮ファイル」には、さまざまな方式がありますが、Windowsでは、「ZIP形式」が標準の圧縮ファイル形式になっています。

たとえば、メールに「プレゼンテーション・ファイル」を添付して、他のユーザーに送信する際にファイルを圧縮すると、添付ファイルのサイズを小さくして、メール送信にかかる時間を短縮できます。そのメールを受け取る側も、短時間で受信できます。

[1]「ファイルタブ」のメニューから(①)、「フォルダを作成して保存」をポイントして(②)、「圧縮ファイルとして保存」をクリック(③)。

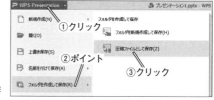

ファイル圧縮のメニュー操作

[2]「場所」欄の「参照」ボタンをクリックして、保存するフォルダを選択する(①)。

準備ができたら「OK」ボタンをクリック(②)。

ファイル圧縮のメニュー操作

Memo　「圧縮ファイル名」欄は、編集中のファイル名が自動的に入力されますが、名前を変更することもできます。

第4章 Presentation

[3] 保存した「ZIPファイル」を開いて確認する場合は、「圧縮ファイルを開く」ボタンをクリックする。

編集画面に戻る場合は、「閉じる」ボタンをクリック。

圧縮保存の完了

■「テンプレート」を使う

●「既定のテンプレート」を開く

「テンプレート」を使うと、レイアウトやデザインのひな形となるデータを開いて、プレゼンテーション作成にかかる手間を省くことができます。

＊

「ワークウィンドウ」で「新規作成」のメニューを開き(①)、「既定のテンプレート」をクリックすると(②)、既定に設定されているテンプレートを新規プレゼンテーションとして編集画面に読み込みます。

「既定のテンプレート」を開く

●「テンプレート」ダイアログから開く

「新規作成」のメニューから「このコンピュータ上のテンプレート」をクリックすると、「テンプレート」ダイアログが開きます。

「テンプレート」ダイアログを開く

テンプレートはジャンルごとに仕分けられているので、作りたいジャンル名のタブをクリックします(①)。

テンプレートのアイコンを選択してから(②)、「OK」ボタンをクリックすると、そのテンプレートを開きます(③)。また、テンプレートのアイコンをダブルクリックすると素早く開けます。

「テンプレート」ダイアログ

[4-2] プレゼンテーションの作成と保存

≪規定のテンプレートを変更する≫

初期設定では、「テンプレート」ダイアログの「標準」タブの「新しいプレゼンテーション」が「既定のテンプレート」に設定されています。

テンプレートのアイコンを選択してから、「既定のテンプレートに設定」のチェックボックスをオンにすると、そのテンプレートが既定に設定されます。

● 自作のファイルを「テンプレート」ダイアログに追加する

自分で作った「プレゼンテーション・ファイル」を「テンプレート」ダイアログから開けるようにするには、「WPS Office」のテンプレート用フォルダにテンプレート形式で保存します。

保存する際のテンプレートのファイル形式は、「POT形式」または「DPT形式」のどちらでもかまいません。

[1] プレゼンテーションを作成または既存のファイルを開いて、「ファイルタブ」をクリックする(①)。

「名前を付けて保存」をポイントして(②)、「形式を選択して保存」メニューから「WPS Presentation テンプレート」または「Microsoft PowerPoint テンプレート」のどちらかをクリック(③)。

テンプレート保存のメニュー操作

[2] ファイル名を確認して(①)、「保存」ボタンをクリックする(②)。

テンプレートを保存する操作では、テンプレート用のフォルダが自動的に開きます。そのままフォルダを変更しないで保存してください。

テンプレート用のフォルダに保存

第4章 Presentation

「WPS Office」のテンプレート用フォルダは、次の場所です。

```
C:¥Users¥(ユーザー名)¥AppData¥Roaming¥kingsoft¥office6¥templates¥wpp¥ja_JP
```

「ユーザー名」のところには、Windowsに設定されているユーザー名が入ります。
なお、エクスプローラーの表示では、「C:¥Users」のフォルダ名は、「ユーザー」と表示されますが、どちらも同じ場所を表わしています。

「ファイル名」欄に表示されているファイル名で問題無ければ、そのまま保存してください。特定の目的があるテンプレートの場合には、その内容に合わせて、ファイル名を変更しておくといいでしょう。

≪追加したテンプレートの確認≫

「ワークウィンドウ」の「新規作成」メニューから「このコンピュータ上のテンプレート」をクリックして、「テンプレート」ダイアログを開きます。

保存したテンプレートのアイコンが「標準」タブに表示され、選択できるようになっていることを確認してください。

追加したテンプレートの確認

4-3 テキストの編集

■ プレースホルダ

●「プレースホルダ」とは

新規のスライドには、2つの「プレースホルダ」の領域が設定されて開きます。

「プレースホルダ」は、「スライド」の骨子(主要な事柄)となる文字を入力する場所を示すための矩形領域です。
この領域には、「テキスト」を直接入力して、さまざまな「書式」を設定できます。

●テキストの入力

「プレースホルダ」をクリックすると、編集カーソルが表示され、その位置にテキストを入力できます。

2つの「プレースホルダ」は、それぞれ独立したオブジェクトとして扱えます。それぞれの「プレースホルダ」ごとに、異なる書式を設定できます。

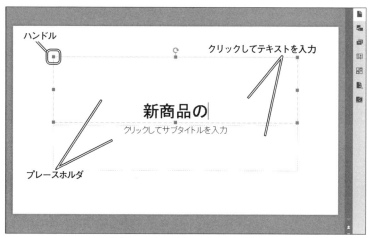

「プレースホルダ」にテキストを入力

●「プレースホルダ」のサイズを変える

「プレースホルダ」をクリックして選択すると、矩形領域の周囲に8個のハンドル(小さな四角形)が表示されます。

各ハンドルをドラッグすると、「プレースホルダ」のサイズを変更できます。

●「プレースホルダ」の移動

「プレースホルダ」の矩形領域の枠線上にポインタを合わせると、十字型のカーソルが表示されます。

そのまま枠線をドラッグすると、「プレースホルダ」を好きな場所に移動できます。

プレースホルダの移動

第4章 Presentation

●プレースホルダの回転

「プレースホルダ」を回転させると、テキストを自由な角度で表示できます。

「プレースホルダ」内のテキストをクリックすると、その「プレースホルダ」が選択され、「プレースホルダ」の上部中央に回転ハンドルが表示されます（①）。

「回転ハンドル」にカーソルを合わせて、回したい方向にドラッグします（②）。スライド上の何もないところをクリックすると、文字列の角度が確定します（③）。

プレースホルダの回転

●書式を設定する

書式関連の機能は、「ホーム」ツールバーに操作ボタンが並んでいます。

フォントの「種類」や「サイズ」、「寄せ」など、入力した文字の書式は、「Writer」と同じ操作で設定できます。

たとえば、文字列を「右寄せ」にする場合には、書式を変更する文字列をドラッグして選択してから（①）、「ホーム」ツールバーを開いて（②）、「右寄せ」ボタンをクリックします（③）。

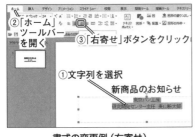

書式の変更例（右寄せ）

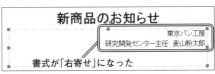

書式変更の完了

[4-3] テキストの編集

■「テキスト・ボックス」を挿入する

●「テキスト・ボックス」の挿入とテキスト入力

「テキスト・ボックス」は、テキスト入力の枠を好きな場所に配置する機能です。「テキスト・ボックス」の文字列には、プレースホルダと同様に書式を設定できます。

≪横幅を設定した「テキスト・ボックス」の挿入≫

[1]「挿入」ツールバーを開いて(①)、「テキストボックス」ボタンをクリックする(②)。

スライド上を横方向にドラッグして(③)、適当な位置でドロップする(④)。

「テキスト・ボックス」の挿入

横方向へドラッグ&ドロップの操作をすると、その始点から終点までの距離が「テキスト・ボックス」の幅になります。

スライド上のドラッグ操作は、左から右へドラッグするのが一般的ですが、右から左へのドラッグ操作でも、テキスト・ボックスを挿入できます。

左右へのドラッグ操作では、ドラッグ開始位置よりもドロップ位置が少し下になるようにドラッグすると、開始位置の高さにテキスト・ボックスが挿入されます。

開始位置よりドロップ位置を上にすると、「テキスト・ボックス」はドロップ位置の高さになります。

新規のテキスト・ボックスは、1行ぶんの幅で挿入されます。

> **Memo**　「テキストボックス」ボタンは、「ホーム」ツールバーにもあります。

[2] テキストを入力する。テキストの編集が完了したら、スライド上の何もないところをクリック。

テキストの入力

第4章 Presentation

ドラッグ操作によって配置した「テキスト・ボックス」に長い文字列を入力すると、「テキスト・ボックス」の幅で自動的に改行されます。
なお、「テキスト・ボックス」の縦幅は、行数に合わせて自動的に拡張されます。

≪自由入力の「テキスト・ボックス」の挿入≫

「挿入」ツールバーを開いて(①)、「テキストボックス」ボタンをクリックし(②)、スライド上をクリックすると、1文字幅の「テキスト・ボックス」が挿入されます(③)。

自由入力の「テキスト・ボックス」

「テキスト・ボックス」の挿入後に、テキストを入力すると、「テキスト・ボックス」の横幅は文字数に合わせて拡張されます。
長い文字列を入力するときは、適当な位置で改行しながら入力してください。

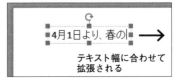

「テキスト入力」と「テキスト・ボックス」の幅

●「縦書き」の「テキスト・ボックス」を挿入する

「縦書き」の「テキスト・ボックス」を挿入したい場合は、「テキストボックス」ボタンの文字のところをクリックして(①)、メニューから「縦書き」をクリックします(②)。

スライド上をクリックすると、「縦書き」の「テキスト・ボックス」が挿入されます(③)。

「縦書き」の「テキスト・ボックス」を挿入

縦方向にドラッグして「テキスト・ボックス」を挿入すると、「テキスト・ボックス」の縦幅を設定できます。

[4-3] テキストの編集

●「テキスト・ボックス」の回転

「テキスト・ボックス」の回転ハンドルをドラッグすると、テキストを斜めに表示できます。

角度が決まったら、スライド上の何もないところをクリックします。

「テキスト・ボックス」の回転ハンドル

■ 図形にテキストを入力する

●「図形」ボタンと選択メニュー

「図形」はスライドに図形を挿入する機能です。

「図形」ボタンは、「ホーム」と「挿入」のツールバーにあります。
「図形」ボタンをクリックすると、図形の選択メニューが表示されます。

「図形」ボタンの選択メニューは、図形の種類ごとに分類されていて、それぞれの図形の役割に応じたオプション（付加機能）が設定されています。

たとえば、「吹き出し」カテゴリの中から図形を選ぶと、その図形の中にテキストを入力できるようになっています。また、その他の領域を設定できる図形でも、テキスト入力が可能です。

●「吹き出し」図形にテキストを入力する

[1]「挿入」ツールバーを開いて（①）、「図形」ボタンをクリック（②）。

メニューの「吹き出し」から挿入する図形のアイコンをクリック（③）。

この操作例では、「吹き出し」セクションから「角丸四角形吹き出し」を選択しています。

図形の選択

第4章 Presentation

[2] スライド上を斜めにドラッグして図形を挿入し、テキストを入力する。

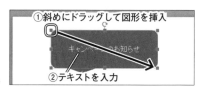

図形の挿入

　ドラッグ操作の「始点」と「終点」を対角線とする矩形範囲に図形が挿入されます。
　図形の挿入後は、周囲の小さな四角形のハンドルをドラッグして、図形のサイズを調節できます。

[3] 「吹き出し」の尖った部分の先端をドラッグして、適切な位置に移動する。

　「吹き出し」の尖った部分のみを移動させるには、先端の菱形のハンドルに、正確にポインタを合わせてからドラッグしてください。

「吹き出し」の尖った部分を移動

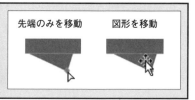

Memo 図形上で十字型のカーソルが表示される位置にポインタを合わせると、図形をドラッグして移動できます。

ポインタの位置によるドラッグ操作の違い

● 図形の配色を変える

　図形をクリックして選択すると(①)、ツールバーに「描画ツール」と「テキストツール」が表示されます。

　図形の配色を変える場合には、「描画ツール」を開いて(②)、「塗りつぶしと線」ボタンから、設定したい色をクリックします(③)。

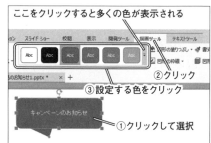

図形の配色を変える

[4-3] テキストの編集

●図形内のテキストの配色を変える

図形を選択してから(①)、「テキストツール」を開き(②)、「塗りつぶしと輪郭」ボタンをクリックすると、テキストの配色を簡単に変えることができます(③)。

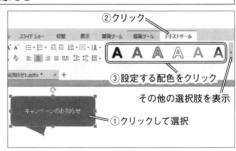

テキストの配色を変える

図形を選択してから、「塗りつぶしと輪郭」ボタンをクリックすると、図形内のすべてのテキストが同じ配色になります。

テキストの一部が選択されている場合には、選択されたテキストの配色が変わります。

■ 基本図形

●「基本図形」セクション

「図形」ボタンの「基本図形」セクションには、よく使われる図形がまとめられています。

●平行四辺形の角度を調節する

平行四辺形の図形を挿入すると、回転ハンドル以外に、もう1つ菱形のハンドルが表示されます。

平行四辺形では、このハンドルを左右にドラッグすると、斜辺の角度を調節できます。

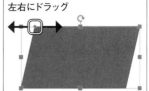

斜辺の角度を調節

●台形の上底の長さを調節する

台形の図形では、上底左の菱形のハンドルをドラッグすると、上底の長さを調整できます。

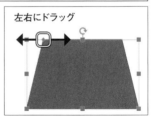

上底の長さを調節

第4章 Presentation

● 図形の上下反転

「描画ツール」の「回転」機能を使うと、図形の「90度回転」「左右反転」「上下反転」などの操作を素早く行なうことができます。

たとえば、台形の下底を短くしたい場合は、図形を選択してから(①)、「描画」ツールバーを開き(②)、「回転」ボタンをクリックして(③)、メニューから「上下反転」をクリックします(④)。

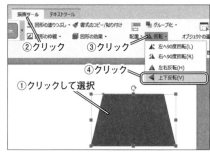

図形の上下反転

■ 図形をプレースホルダの背景にする

「プレースホルダ」や「図形」「画像」など、「クリックしたときに枠線やハンドルが表示される領域」は、それぞれ独立したオブジェクトとして扱えます。

各オブジェクトをスライド上に重ねて配置した場合には、優先度の低いオブジェクトは、優先度の高いオブジェクトの背面に表示されます。

基本的に優先度は、新規に追加したオブジェクトのほうが高くなります。

オブジェクトの優先度と表示

たとえば、プレースホルダのある場所に図形を挿入して重ねると、図形と重なったプレースホルダのテキストは背面に隠れて見えなくなります。
図形がプレースホルダの背面になるように設定を変更すると、図形をプレースホルダのテキストの背景装飾として使えます。

＊

図形をプレースホルダの背景にするには、以下のように操作します。

[4-3] テキストの編集

[1]「図形」ボタンのメニューから、背景に使う図形のアイコンをクリック。

　右図の操作例では、「星とリボン」セクションから「爆発1」という図形を選択しています。

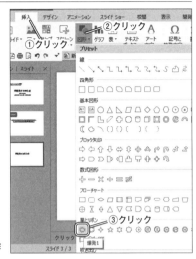

「図形」ボタンのメニュー操作

[2] 図形を挿入する場所で、矩形領域の対角線をドラッグする。

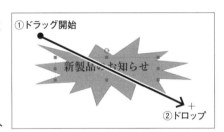

図形の挿入

[3]「描画ツール」ツールバーを開き(①)、「背面へ移動」ボタンをクリック(②)。

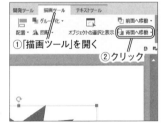

「背面へ移動」ボタン

[4]「プレースホルダ」のテキストに合わせて、図形の位置やサイズを調整する。

図形の調整

第4章 Presentation

図形が背面の設定になると、「プレースホルダ」のテキストが見えるようになります。

図形が調整できたら、スライド上または編集画面の何もないところをクリックすると、図形が確定します。

■ 図形にグラデーション効果を入れる

●「図形の塗りつぶし」を「グラデーション」にする

「図形の塗りつぶし」は、図形の「色」や「模様」などを設定する機能です。

図形の色に「グラデーション」を設定すると、滑らかに「濃度」や「色合い」が変化する色調で塗りつぶすことができます。

[1] 図形を選択してから(①)、「描画ツール」ツールバーを開き(②)、「図形の塗りつぶし」ボタン右側の小さな三角ボタンをクリックする(③)。

メニューから「グラデーション」をクリック(④)。

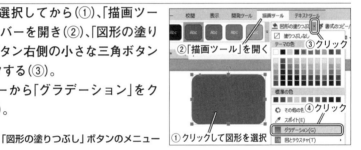

「図形の塗りつぶし」ボタンのメニュー

[2]「図形のオプション」の「塗りつぶし」セクションで、「塗りつぶし(グラデーション)」をクリックして選択する(①)。必要に応じて、グラデーションの設定を変更して調整する(②)。

「塗りつぶし(グラデーション)」の項目を選択するだけで、すぐに図形の色に、初期設定のグラデーションの効果が適用されます。

「グラデーションの種類」や「角度」などの設定を変更すると、グラデーションのかかり具合を調整できます。

「ワークウィンドウ」の「オブジェクトの書式設定」でグラデーションを設定

[4-3] テキストの編集

● グラデーションの種類

「グラデーションの種類」ボタンから、グラデーションのパターンを変更できます。

「グラデーションの種類」ボタンは、左から「線形」「放射」「四角」「パス」の4種類です。

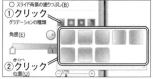

「グラデーションの種類」ボタン

「線形」「放射」「四角」には、複数のパターンがあり、ボタンをクリックすると、さらに多くのボタンが表示されます(①)。

それらのボタンをクリックすると、ボタンの表示と同じパターンで図形を塗りつぶします(②)。

● 角度

グラデーションを「線形」にすると、色の濃淡の「角度」を設定できます。

「角度」のダイヤル上の小さな○のところにポインタを合わせて、円を描くようにドラッグすると、グラデーションの角度が変わります。

「−」と「＋」のボタンや数値の入力によって角度を設定することもできます。

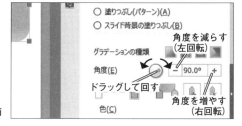

「角度」の調節

● 分岐点

≪分岐点の調節≫

「分岐点」は、グラデーションを構成する色の変化が分岐する位置を調節する機能です。

スライダのハンドルを左右にドラッグして、分岐位置を調節します。

各ハンドルのパラメータ(設定情報)は、「位置」「透明度」「明るさ」の表示に反映され、連動します。

「分岐点」のスライダ

191

第4章 Presentation

≪「分岐点」を増やす≫

　初期設定では、スライダに4つのハンドルがありますが、ハンドルを増やして、より複雑なグラデーションにすることもできます。

　ハンドルを増やすには、どれかのハンドルをクリックして選択してから(①)、「グラデーションの隙間を追加」ボタンをクリックします(②)。

　不要なハンドルは、ハンドルを選択してから「グラデーションの隙間を削除」ボタンをクリックすると、そのハンドルを削除できます。

「分岐点」の追加

≪「分岐点」の色を変える≫

　「グラデーション」は、単色の濃淡だけでなく、ある色から他の色へ変化させることもできます。

　グラデーションの色を変えるには、「分岐点」のハンドルを選択してから(①)、「色」ボタンをクリックして(②)、カラーパレットから色を選択します(③)。

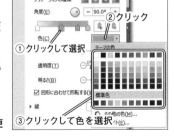

「分岐点」の色の変更

≪図の回転と塗りつぶし効果≫

　図形を回転させて斜めになっている場合に、「図形に合わせて回転する」のチェックボックスをオンにすると、塗りつぶしの状態も図形の傾きに合わせて回転し、同じ状態を保ちます。

塗りつぶしを図形に合わせて回転

[4-3] テキストの編集

●不要なオブジェクトを削除する

不要な図形を削除するには、図形をクリックして選択してから、[Delete]キーを押します。

また、図形を右クリックして、コンテキストメニューから「削除」をクリックするという削除方法もあります。

コンテキストメニューからの削除操作

なお、塗りつぶしのない図形のコンテキストメニューを表示するには、枠線上を右クリックする必要があります。

■ アート文字

●アート文字を挿入する

「アート文字」は、文字を装飾して見栄えのいい文字列を作る機能です。

[1]「挿入」ツールバーを開いて「アート文字」ボタンをクリック。「スタイル」の中から、文字装飾の種類を選択してクリックする。

塗りつぶしを図形に合わせて回転

図の例では、「スタイル」から「塗りつぶし(グラデーション)明るい濃灰色」を選択しています。

> **Memo**　「アート文字」は、新しいオブジェクトとして追加されます。

[2]挿入されたアート文字の枠にテキストを入力する。

テキストの入力

193

第4章 Presentation

[3]「アート文字」の枠線をドラッグして、適正な配置になるように調整する。

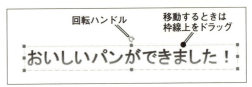

位置の調整

中央上部の丸いハンドルを左右にドラッグすると、アート文字が回転します。
「アート文字」のフォントの種類やサイズおよび「文字の効果」などは、「Writer」と同じような操作で設定できます。この操作方法については、**第2章**の「アート文字」を参照してください。

4-4　新しいスライド

●新しいスライドを追加する

プレゼンテーションに新しいスライドを追加するには、まずスライドを追加する位置のスライドを選択します（①）。「ホーム」ツールバーを開き（②）、「新しいスライド」ボタンをクリックします（③）。

新しいスライドは、選択されているスライドの直後に追加されます。

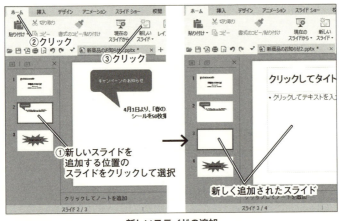

新しいスライドの追加

[4-4] 新しいスライド

●スライドを複製する

コピー元のスライドを選択し(①)、「新しいスライド」ボタンの文字のところをクリックして(②)、メニューから「スライドの複製」をクリックすると、選択されているスライドを複製して追加します(③)。

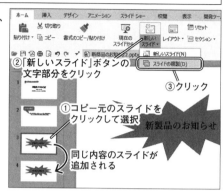

スライドの複製

●スライドのデザイン

「ワークウィンドウ」の「スライドのデザイン」(①)から、テンプレートのデザインを選んで、新しいスライドの編集を始められます(②)。

「スライドのデザイン」のサムネイル(縮小画像)をクリックすると、そのアイコンのデザインがスライドに適用されます。

スライドのデザイン

> **Memo** 「スライドのデザイン」は、編集中のスライドにも適用されるので、簡単にスライドのイメージを変えることができます。デザインが気に入らない場合や、誤ってデザインを変更してしまった場合には、[Ctrl + Z]のキー操作で元に戻せます。

●スライドの順番を変える

スライドの順番を変えるには、「スライド・ペイン」のサムネイルを上下にドラッグします。

スライド・ペインのドラッグ操作

第4章 Presentation

サムネイルとサムネイルの間にドロップするように操作すると、スムーズに移動できます。

[Ctrl]や[Shift]キーを押しながらサムネイルをクリックすると、複数のスライドを同時に選択できます。[Ctrl + クリック]で個別の選択、[Shift + クリック]で連続した選択の操作になります。複数選択してからサムネイルをドラッグすると、まとめて順番を変更できます。

*

スライドの枚数が多い場合は、「スライド一覧」の表示にすると、順番の入れ替え操作がしやすくなります。

「スライド一覧」にするには、「表示」ツールバー（①）の「スライド一覧」ボタンをクリックします（②）。

なお、「スライド一覧」ボタンは操作画面のいちばん下にもあります。

順番の入れ替えが終わったら、「表示」ツールバーの「標準」ボタンをクリックすると、元の画面表示に戻ります。

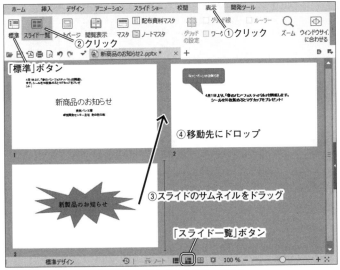

「スライド一覧」表示のドラッグ操作

4-5 画像や表の挿入

■ 画像を挿入する

スライドには、パソコンに保存されている写真などの「画像ファイル」を挿入して利用できます。

[1]「挿入」ツールバー(①)の「図」ボタンをクリックする(②)。

「図の挿入」ダイアログで画像ファイルを選択して(③)、「開く」ボタンをクリック(④)。

画像ファイルを開く

[2]画像の四隅のハンドルをドラッグしてサイズを調整する。画像の上にポインタを合わせて、ドラッグして適切な場所に配置する。

画像の四隅のハンドルをドラッグすると、縦横比を保ったままサイズを変更できます。

各辺の中央のハンドルをドラッグすると、画像の縦横比が変わってしまうので、注意してください。

画像のサイズと位置の調整

第4章 Presentation

■ クリップアートを挿入する

「挿入」ツールバーまたは「ワークウィンドウ」(①)の「クリップアート」ボタンをクリックすると、「ワークウィンドウ」の「プレビュー」欄に「クリップアート」のサムネイルが表示されます(②)。

「クリップアート」は、さまざまなカテゴリ別に分類手されていて、ツリー状のリストからカテゴリを選択できます(③)。

「プレビュー」欄のサムネイルをダブルクリックすると(④)、スライドにイラストが挿入されます(⑤)。

イラストのサイズ調整や移動は、画像と同じように操作できます。

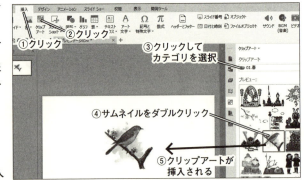

クリップアートの挿入

■ グラフを挿入する

「Spreadsheets」で作った「表」や「グラフ」は、スライドに挿入して利用できます。

「Spreadsheets」を起動して、スプレッドシートのファイル開いて、表やグラフをコピーします。

[1]「Spreadsheets」を起動して、グラフを含むスプレッドシートを開く。

グラフ領域内を右クリックして(①)、コンテキストメニューから「コピー」をクリック(②)。

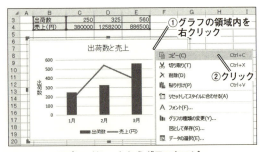

スプレッドシートからグラフをコピー

表をコピーするときは、表のセル範囲をドラッグして、選択範囲のコピー操作を行なってください。

[2]Presentationのスライド上を右クリックして、コンテキストメニューから「貼り付け」をクリック。

スライドに貼り付け

①スライド上を右クリック
②クリック

グラフを貼り付けたら、画像の調整と同じように操作して、サイズや位置の調整を行なってください。

■ 表の挿入

●「Presentation」の表作成機能について

「Presentation」には、「表」を作ってスライドに挿入する機能があります。

ただし、「Spreadsheets」と比べると、表作成機能は簡易的です。
情報量の多い表をスライドに挿入するような場合には、「Spreadsheets」で表を作り、それをスライドにコピーすることをお勧めします。

「Presentation」では、表のサイズと位置の調整程度にとどめておくと、スムーズに作業を進められます。

●表を挿入する

「挿入」ツールバーの「表」ボタンから、簡単に表を作成できます。
＊
「挿入」ツールバーを開いて(①)、「表」ボタンをクリックして表示されるマス目がセルを表わしています(②)。
マス目上をポイントすると、マス目の色が変わり、セルの数を示します(③)。
たとえば、上から3行目、左から4列目のマス目をクリックすると、3行4列の表を作成します(④)。
作成した表の各セルをクリックすると、テキストを入力できます。

第4章 Presentation

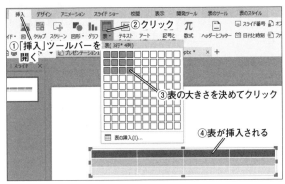

「表」ボタンから表を作成

●セル幅の調整

隣接するセルの罫線にマウスカーソルを合わせると、カーソルが左右または上下の矢印の形に変化します。

罫線を上下にドラッグして、セルの縦幅を調整します。

罫線を左右にドラッグして、セルの横幅を調整します。

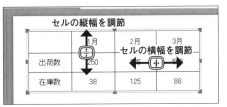

セル幅の調整

●背景色を変える

表の任意のセルをクリックしてから背景色を変えると、そのセルのみを対象に背景色が変わります。

ドラッグ操作で複数のセルを選択すると、1度の操作で選択中のセルの背景色が変わります。

セルの背景色を変える例として、複数のセルを選択して背景色を変えてみましょう。

＊

表のセルを選択して(①)、「ツールバー」の「表のスタイル」を開きます(②)。

「塗りつぶし」ボタンの文字部分をクリックして(③)、「カラーパレット」から背景にする色をクリックすると、セルの背景色がその色に変わります(④)。

[4-5] 画像や表の挿入

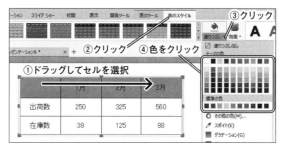

セルの背景色を変える

> **Memo**「塗りつぶし」ボタンのカラーパレットのメニューから、「塗りつぶしなし」をクリックすると、セルに設定された背景色が消えます。

●表のスタイル

≪スタイルの設定操作≫

「表のスタイル」機能を使うと、表のカラフルな配色を素早く設定できます。

*

まず表を選択して(①)、「表のスタイル」ツールバーを開くと、カラフルなスタイルのサムネイルが並んでいます(②)。

このサムネイルは、表に背景色を設定した際のイメージを表わしています。

スタイルのサムネイルをクリックすると、表の背景色がサムネイルと同じ配色になります(③)。

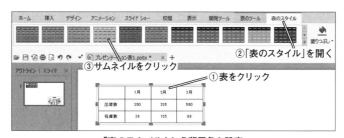

「表のスタイル」から背景色を設定

≪サムネイル表示の移動≫

ツールバーの「表のスタイル」には、スタイルのサムネイルの一部が表示されています。

「表のスタイル」から背景色を設定

第4章 Presentation

　サムネイル欄の右端にある、上下の小さな三角ボタンをクリックすると、サムネイルの表示が上下して、他の配色のサムネイルを表示します。
　三角ボタンの下の横棒付き三角ボタンをクリックすると、サムネイルの一覧リストが展開され、多数の配色から選択できます。

■ 画像などに枠や影をつける

　「画像」「クリップアート」「グラフ」には、「枠線」や「影」を追加して装飾できます。

● 画像に枠線をつける

[1]画像を右クリックして(①)、コンテキストメニューから「オブジェクトの書式設定」をクリック(②)。

画像のコンテキストメニュー

[2]「ワークウィンドウ」の「オブジェクトの書式設定」で、「塗りつぶしと線」をクリックして開く(①)。
　項目名の「線」をクリックして、設定項目を展開する(②)。

オブジェクトの書式設定

[4-5] 画像や表の挿入

[3]「実線」をクリックして選択する。「色」ボタンをクリックして、カラーパレットから枠線の色を選択する。

「幅」欄の「-」と「+」のボタンをクリックして、枠線の太さを設定する。

オブジェクトの書式設定

> **Memo**　「線のスタイル」ボタンのメニューから、実線や点線などの種類を選択できます。

● 画像に影をつける

　画像などのオブジェクトに影を付けると、オブジェクトが浮いているような印象効果を与えることができます。

≪図形ツールから影をつける≫

　ツールバーの「図形ツール」には、図形や画像などに影をつける機能があります。

　画像を選択すると、ツールバーに「図形ツール」が開きます(①)。

　「画像の効果」ボタンをクリックして(②)、メニューから「影」をポイントし(③)、メニューから影の付け方のアイコンを選択してクリックします(④)。

「画像の効果」ボタンから影を設定

第4章 Presentation

≪ワークウィンドウから影をつける≫

「ワークウィンドウ」の「オブジェクトの書式設定」では、影の大きさや位置などを詳細に設定できます。

[1]画像を右クリックして(①)、コンテキストメニューから「オブジェクトの書式設定」をクリック(②)。

画像のコンテキストメニュー

[2]ワークウィンドウに「オブジェクトの書式設定」が開いたら、「効果」を開いて(①)、影の選択ボタンをクリックする(②)。メニューのアイコンから影の付け方を選択してクリック(③)。

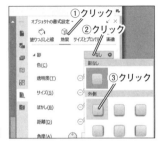

影の選択

[3]影の色を変える場合は、「色の選択」ボタンをクリックして、カラーパレットから色をクリックする。

画像に表示されている影の状態を確認しながら、その他の各項目を調節する。

影の設定

透明度	色の濃さを調節。
サイズ	影の大きさを調節。
ぼかし	影のフチのぼかし具合を調節。
距離	画像と影の相対的な位置を調節。
角度	影の方向を調節。

4-6 「動画」や「音声」の挿入

■「動画」の挿入

スライドに、「動画」や「音声」を挿入すると、「プレゼンテーション」で再生できます。

●「動画ファイル」を挿入する

[1]「挿入」ツールバーを開いて(①)、「ビデオ」ボタンをクリックする(②)。
　「ビデオを挿入」ダイアログで、ビデオファイルを選択して(③)、「開く」ボタンをクリック(④)。

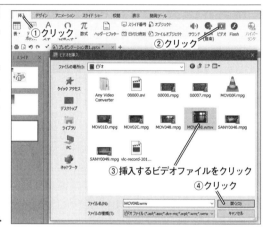

動画ファイルの挿入

[2]「ビデオ枠」の四隅のハンドルをドラッグして、サイズを調整する。
　ビデオの枠内をドラッグして、適切な場所に配置する。

ビデオ枠の調整

第4章 Presentation

ビデオ枠をクリックまたはポイントすると、ビデオの「操作パネル」が表示されます。

操作パネルの「再生／一時停止」ボタンをクリックして、ビデオが正しく再生されるか確認してください。

ビデオ枠の「操作パネル」は、ビデオ枠の選択を解除すると一時的に消えますが、ビデオ枠内にポインタを合わせると、再び表示されます。

なお、「再生／一時停止」ボタンは、ツールバーの「ビデオツール」にもあります。「ビデオツール」のタブは、スライドのビデオを選択すると表示されます。

＊

その他、プレゼンテーションの内容に合わせて、ビデオの「タイトル」や「説明」などのテキストをスライドに追加してください。

●ビデオが挿入できないときは？

動画には、非常に多くのファイル形式があります。

「Presentation」は、主な動画ファイル形式に対応していますが、すべての形式に対応しているわけではありません。「Presentation」が対応していない形式のファイルは、スライドに挿入できません。

また、挿入できたとしても、映像が乱れるなどして、正しく再生できない場合もあります。

＊

挿入できない動画ファイルを使いたい場合は、そのファイルを他の形式に変換する必要があります。

スライドに挿入するビデオは、拡張子「.wmv」の「WMV」（ウィンドウズ・メディア・ビデオ）形式のビデオファイルの使用をお勧めします。

「WMV」は、Windowsの標準動画形式なので、再生時のトラブルが起こりにくいです。

＊

Presentationが対応する動画形式は、「ビデオを挿入」ダイアログの「ファイルの種類」をクリックして確認できます。

[4-6]「動画」や「音声」の挿入

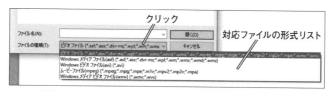

「ビデオを挿入」ダイアログから対応ファイル形式を確認する

●プレゼンテーション再生時のビデオ再生

プレゼンテーションを再生するときに、ビデオをどのように再生するかは、プレゼンテーションの内容に合わせて設定します。

＊

スライドのビデオ枠をクリックして選択すると、ツールバーに「ビデオツール」が表示されます。ビデオの再生方法は、「ビデオツール」で設定できます。

≪開始≫

「開始」欄の小さな「▼」ボタンをクリックして、プルダウンメニューから、「自動再生」または「クリック時」のどちらかを選択します。

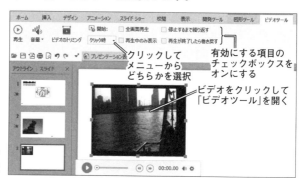

「ビデオツール」で再方法を設定

・**自動再生**
　ビデオを挿入したスライドを表示すると、自動的に再生が始まります。
・**クリック時**
　スライドのビデオをクリックすると、再生が始まります。

Memo スライドの再生時には、スライドのビデオ枠内をクリックするだけで再生を開始できます。

≪全画面再生≫
　チェックボックスをオンにすると、ビデオをフルスクリーンで再生します。

≪停止するまで繰り返す≫
　停止の操作をするまで、ビデオを繰り返し再生します。

≪再生中のみ表示≫
　ビデオの再生が終わると、スライドのビデオ枠が非表示になります。

≪再生が終了したら巻き戻す≫
　ビデオの再生が終わって停止したときに、ビデオの先頭シーンを表示します。

●ビデオの再生操作を簡単にする

　以下の手順で、ビデオの「動作設定」を変更すると、プレゼンテーション再生時に、ビデオにポインタを合わせるだけの操作で、ビデオの再生が開始するように設定できます。

[1]ビデオを右クリックして(①)、メニューから「オブジェクトの動作設定」をクリックする(②)。

ビデオのコンテキストメニュー

[2]「動作設定」ダイアログの「マウスの通過」タブをクリックして開き(①)、「オブジェクトの動作」をクリックして有効にする(②)。
　「OK」ボタンをクリックして、ダイアログを閉じる(③)。

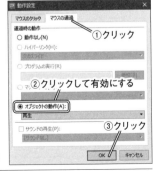

「動作設定」ダイアログ

[4-6]「動画」や「音声」の挿入

● ビデオや音声のファイルの保存

「ビデオ」や「音声」を含む「プレゼンテーション・ファイル」を保存したときに、「ビデオ」や「音声」のデータは「プレゼンテーション・ファイル」には含まれません。

プレゼンテーションに保存されるのは、「動画や音声のファイルをどのように扱うか」という情報だけです。

「動画」や「音声」のファイル名を変更したり、保存フォルダを変更したりすると、プレゼンテーションで再生できなくなるので注意してください。

＊

他のパソコンでプレゼンテーションを行なう場合には、「動画」などのファイルは、コピー元のパソコンと同じフォルダに保存しておく必要があります。

■ 音声の挿入

● サウンド

「サウンド」は、スライドに音声を挿入する機能です。

[1]「挿入」ツールバーの「サウンド」ボタンをクリックして、「サウンドを挿入」ダイアログから音声ファイルを選択する。

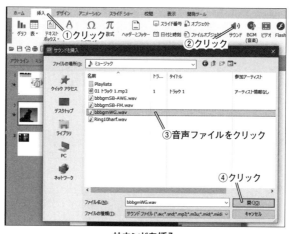

サウンドを挿入

[2]「スライドショーにていつ音楽を再生しますか?」というダイアログが表示されたら、「自動」または「クリック時」のどちらかをクリックする。

サウンドの再生方法の設定

プレゼンテーションの再生時には、このダイアログの選択に従って、サウンドが再生されます。「自動」に設定すると、スライドの表示と同時に音声が再生されます。

[3]サウンドのアイコンをドラッグしてスライドの位置を調整する。

「サウンド」を挿入すると、スライドにスピーカー図柄のアイコンが表示されます。そのアイコンは、スライドの表示を妨げないような配置にしてください。

「サウンドを挿入」ダイアログ

●再生時にサウンドのアイコンを非表示にする

以下のように「再生オプション」を設定すると、プレゼンテーションの再生時に、サウンドのアイコンを非表示にできます。

[1]サウンドのアイコンをクリックして(①)、操作パネルの「設定」ボタンをクリックする(②)。

操作パネルの「設定」ボタン

[2]「再生時にアイコンを非表示にする」のチェックボックスをオンにして(①)、「OK」ボタンをクリックする(②)。

アイコンを非表示にすると、プレゼンテーションの再生時に操作パネルが表示されないので、サウンドを挿入するときに、再生方法を「自動」に設定してください。

「サウンドオプション」ダイアログ

●「BGM」を挿入する

「挿入」ツールバーの「BGM(音楽)」ボタンをクリックすると、スライドに「BGM」(バック・グラウンド・ミュージック)を挿入できます。

「BGM(音楽)」ボタン

「BGM(音楽)」のアイコンと操作パネル

≪「サウンド」と「BGM(音楽)」の違い≫

「サウンド」では、挿入したスライドのみを対象に再生されますが、「BGM(音楽)」では、プレゼンテーションの再生中に、継続して音楽が再生されます。

先頭のスライドにBGMを挿入しておくと、プレゼンテーションが終わるまで、音楽を再生し続けることができます。

4-7 アニメーションとプレゼンテーション再生

■ スライド切り替え

●スライド切り替えの機能

「スライド切り替え」は、スライドを次のスライドに切り替えるときの特殊効果です。

たとえば、スライド切り替えに「スムーズフェード」を設定すると、表示しているスライドが徐々に薄くなって消えるのと同時に、次のスライドが浮かび上がってきます。

●スライド切り替えを挿入する

「スライド切り替え」を挿入するには、画面左のスライド・ペインでスライドのサムネイルを選択してから(①)、「アニメーション」ツールバーを開きます(②)。

ツールバーの「スライド切り替え」のアイコンを選択してクリックすると、そのスライド切り替え効果がスライドに適用されます(③)。

第4章 Presentation

このとき、スライド・ペインのサムネイルに「★」マークが付きます。この「★」は、スライドに切り替え効果が設定されていることを示しています。

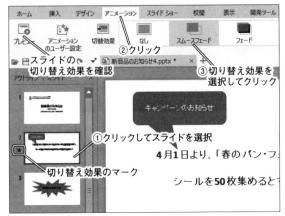

スライド切り替えの設定

ツールバーで切り替え効果を選択すると、すぐにその効果がプレビューされ、動作を確認できます。

設定ずみのスライド切り替え効果を確認するときは「プレビュー」ボタンをクリックします。

●その他の「スライド切り替え」を選択する

「スライド切り替え」アイコンの右端の小さな三角ボタンをクリックすると、並んでいるアイコンの表示が切り替わり、他の「スライド切り替え」を選択できます。

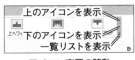

アイコン表示の移動

三角ボタンの下にある、横線付きの三角ボタンをクリックすると、「スライド切り替え」の一覧リストが表示されます。

[4-7] アニメーションとプレゼンテーション再生

●ワークウィンドウにスライド切り替えの項目を開く

「アニメーション」ツールバー（①）の、「切替効果」ボタンをクリックすると（②）、ワークウィンドウに「スライド切り替え」の設定項目が表示されます（③）。

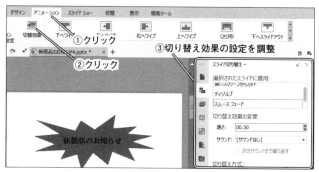

「ワークウィンドウ」の「スライド切り替え」

●「切り替え効果の変更」の設定

≪速さ≫

「速さ」では、あるスライドから、完全に次のスライドに切り替わるまでの時間を設定します。

右図の例では、0.5秒に設定されています。「速さ」の数値欄右端の小さな三角ボタンをクリックすると、数値が変わります。数値の単位は秒です。

切り替え効果の時間を設定

≪サウンド≫

「サウンド」は、スライドの切り替え時に、効果音を鳴らす機能です。

「サウンド」欄をクリックして、リストから効果音を選択します。

たとえば、「サウンド」で「爆発」を選択すると、スライドの切り替え時に爆発音が鳴ります。

リストの下方の効果音を選択する場合は、スクロールバーを下方にドラッグしてください。

「サウンド」の選択

「次のサウンドまで繰り返す」のチェックボックスをオンにすると、次の効果音が鳴るまで、繰り返し効果音を鳴らします。

第4章 Presentation

●「切り替え方式」の設定

「スライド切り替え」の「切り替え方式」セクションでは、スライドを切り替える方法を設定します。

「切り替え方式」の設定

≪クリック時≫

「クリック時」のチェックボックスをオンにすると、プレゼンテーションの再生中に、スライドをクリックしたときに次のスライドに切り替わります。

≪自動的に切り替え≫

経過時間で自動的に切り替える場合は、「自動的に切り替え」のチェックボックスをオンにして、時間を設定します。時間の数値欄の単位は、「分:秒」です。

たとえば、スライドの表示時間を「3分6秒」にする場合には、「03:06」のように設定します。

「クリック時」と「自動的に切り替え」の両方をオンにすると、設定した時間が経過する前でも、クリックでスライドを切り替えられます。

≪該当スライドのリハーサル≫

「該当スライドのリハーサル」ボタンをクリックすると、実際のプレゼンテーションを想定してスライドを再生し、再生時間を記録できます。

「スライドショー」ツールバーの「リハーサル」と同じ機能です。

リハーサル機能の操作方法については、後述します。

[参照] 4-8 プレゼンテーションの再生 → リハーサル

[4-7] アニメーションとプレゼンテーション再生

≪すべてのスライドに適用≫

「切り替え方式」セクションの設定内容が、すべてのスライドに適用されます。

他のスライドの「切り替え方式」の設定は、すべて一律に変更されるので、注意深く設定してください。

≪再生≫

「再生」ボタンをクリックすると、選択されたスライドの「切り替え効果」を再生します。

「スライドの再生」ボタンをクリックすると、選択されたスライドのプレゼンテーション時の動作を確認できます。

≪自動プレビュー≫

「自動プレビュー」のチェックボックスがオンになっていると、切り替え効果やアニメーションを選択したときに、自動的にプレビュー再生が始まります。

「自動プレビュー」の動作は、「再生」ボタンをクリックしたときと同じです。

●アニメーションのユーザー設定

≪オブジェクトにアニメーションを設定する≫

「アニメーションのユーザー設定」は、スライド上のオブジェクトにいろいろな演出動作を設定する機能です。

たとえば、特定のオブジェクトに「スライドイン」を設定すると、スライドの枠外からテキストや図が移動して、スライドに登場するような動作を設定できます。

また、複数の動作を設定して、異なるアニメーションを連続的に動作させるような設定も可能です。

*

アニメーションの例として、4つのオブジェクトに「スライドイン」を設定してみましょう。

第4章 Presentation

[1]オブジェクトをクリックして選択する(①)。「アニメーション」ツールバーを開いて(②)、「アニメーションのユーザー設定」ボタンをクリック(③)。

この操作で、ワークウィンドウに「アニメーションのユーザー設定」が表示されます。

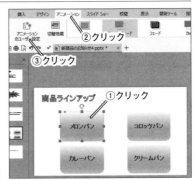

オブジェクトの選択

[2]「効果の追加」ボタンをクリックして(①)、メニューから「開始」をポイントし(②)、「1.スライドイン」をクリック(③)。

アニメーション効果の選択

[3]他のオブジェクトを選択して、手順[2]と同じように操作し、「スライドイン」効果を設定する。

アニメーションを設定したオブジェクトには、アニメーションの序列を示す番号が表示され、通常はこの番号の順番に動作します。

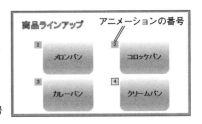

アニメーションの設定と番号

なお、この数字は、編集と操作の画面のみに表示され、プレゼンテーション画面には表示されません。

以上の設定で、4つのオブジェクトが順番に枠外から登場するという演出を設定できます。「再生」ボタンや「スライドショー」ボタンをクリックして、スライドの動作を確認してください。

[4-7] アニメーションとプレゼンテーション再生

≪アニメーションの動作設定≫

アニメーションの「スライドイン」では、「開始」「方向」「速さ」の3項目の設定を変更できます。

アニメーションの動作設定

開始	オブジェクトのアニメーションの開始方法を選択。
方向	オブジェクト移動が始まる方向を設定。「左下から」など、斜め方向からの移動も可能。
速さ	オブジェクトの移動速度を設定。

なお、アニメーションの設定項目は、アニメーションの種類によって異なります。

≪順序の変更≫

オブジェクトにアニメーションを設定すると、ワークウィンドウにオブジェクト名のリストが表示されます。

リストからオブジェクト名を選択して(①)、「順序の変更」の矢印ボタンをクリックすると、アニメーションの順序を入れ替えることができます(②)。

≪削除≫

不要なアニメーションを削除するには、リストからオブジェクト名を選択してから、「削除ボタン」をクリックします。

アニメーションの順序の変更

217

第4章 Presentation

4-8 プレゼンテーションの再生

■ ノートの活用

● 2台のモニタでプレゼンテーション

「プレゼンテーション」は、もちろん1台のディスプレイモニタ(以下、モニタ)でも再生できますが、さらにもう1台、発表用のモニタを追加して接続すると、より快適に操作できるようになります。

発表用のモニタにはスライド画面だけを表示して、もう1台のモニタでプレゼンテーションを操作できます。

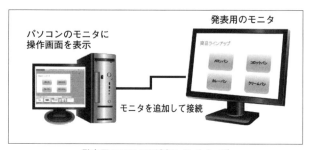

発表用のモニタを追加したイメージ

ノートパソコンでは、HMDI端子などのモニタ用端子に、追加のモニタを接続します。

モニタ用端子がない場合には、USB接続の「ディスプレイアダプタ」を使うと、モニタを追加できます。

USB接続のディスプレイアダプタ
「REX-USB3HD-4K」／ラトックシステム

[4-8] プレゼンテーションの再生

●「ノート」の役割

「ノート」とは、各スライドの発表内容などのメモを書き留めておく機能です。

2台のモニタを使ってプレゼンテーションを行なう場合には、操作用のモニタで、あらかじめ「ノート」に記入しておいた情報を閲覧しながら、プレゼンテーションを進めることができます。

*

「ノート」に記載した内容は、プレゼンテーションの操作画面には表示されますが、フルスクリーン表示のスライドには表示されません。

実際にプレゼンテーションを行なうときには、発表者(パソコンの操作担当者)だけがノートを見ることができます。

●「ノート」に記入する

「ノート」は、スライドの下にある領域です。

「ノート」が未記入の場合には、「クリックしてノートを追加」と表示されています。

ノート

「ノート」の領域をクリックしてから、記入します。「ノート」には、発表内容の概要や読み上げる文章などを記入します。

ポインタをノートの境界に合わせてからドラッグすると、ノートの領域の大きさを変更できます。

ノートの入力例

第4章 Presentation

■ プレゼンテーションの再生

● 再生の開始

　プレゼンテーションの再生を開始するには、「スライドショー」ツールバーの「最初から」ボタンをクリックします。[F5]キーを押して再生を開始することもできます。

　途中のスライドから再生を開始する場合は、ウィンドウ左のスライド・ペインでスライドを選択してから、「現在のスライドから」ボタンをクリックします。

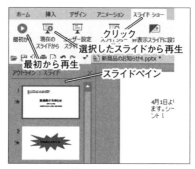

「スライドショー」ツールバー

Memo 「現在のスライドから」ボタンは、操作画面の下段にもあります。

● 発表者表示の操作

≪ダブルスクリーンモード≫

　1台のパソコンに2台のモニタが接続された環境では、プレゼンテーションは「ダブルスクリーンモード」で再生されます。
　このときの発表者側の操作画面を「発表者表示」、視聴者向けの画面を「出席者表示」と呼びます。

　「発表者表示」画面では、サムネイルをクリックして表示するスライドを選択したり、ノートを閲覧したりできます。
　「出席者表示」画面には、スライドのみが表示されます。

[4-8] プレゼンテーションの再生

2台のモニタによるプレゼンテーションの例

≪スライドに線を描く≫

「発表者表示」画面のスライドを右クリックすると、スライドの操作メニューが表示されます（①）。

メニューから「ポインタオプション」をポイントして（②）、「ボールペン」「水彩ペン」「蛍光ペン」のどれかを選択すると、マウスを使って、スライド画面にフリーハンドの線を描けます（③）。

これらのペン機能を使うと、画面上のテキストに「アンダーライン」や「丸囲み線」などを描き加えながら説明するような操作ができます。

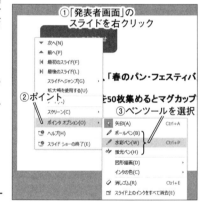

「ポインタオプション」のメニュー

ペン機能を終了するときは、「ポインタオプション」のメニューから「矢印」をクリックすると、通常の矢印ポインタに戻ります。

≪描いた線を消す≫

描いた線を消すときは、「ポインタオプション」のメニューから「消しゴム」を選択して、消したい線の上をドラッグします。

描いた線をすべて消すときは、「スライド上のインクをすべて消去」を選択します。

第4章 Presentation

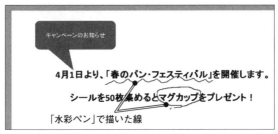

フリーハンドの線を描く

≪ポインタオプションのショートカットキー≫

よく使われる「ポインタオプション」には、ショートカットキーが割り当てられているので、覚えておくといいでしょう。

矢印（通常のポインタ）	[Ctrl + A]
水彩ペン	[Ctrl + P]
消しゴム	[Ctrl + E]

なお、これらのショートカットキーが使えるのは、プレゼンテーションの再生中だけです。

● プレゼンテーション中に描いた線の保存と削除

≪描いた線の保存≫

最後のスライドをクリックすると、スライドの表示が暗転します。そのときにスライドをクリックすると、プレゼンテーションを終了します。

問い合わせダイアログ

プレゼンテーション中にペン機能を使って線を描いてからプレゼンテーションを終了すると、「インクを保留しますか？」という問い合わせダイアログが表示されます。

描いた線が不要なら、「破棄」ボタンをクリックします。

「保留」ボタンをクリックすると、描いた線が編集画面に残ります。

そのままプレゼンテーションを保存すれば、描いた線を含めた「プレゼンテーション・ファイル」を保存できます。

[4-8] プレゼンテーションの再生

≪フリーハンド線の選択操作≫

プレゼンテーション中に描いた線は、編集画面では「フリーハンド線のオブジェクト」として扱い、ドラッグ操作による移動などの操作ができます。

フリーハンド線の選択操作　　線をクリックして選択

この線を削除したい場合は、編集画面で線をクリックして選択してから、[Delete]キーを押します。

● リハーサル

≪リハーサルの開始≫

「リハーサル」は、実際のプレゼンテーションを想定して再生を行ない、スライドの時間配分を記録する機能です。

「リハーサル」ボタン

「スライドショー」ツールバーの「リハーサル」ボタンをクリックすると、リハーサルが始まります。

≪リハーサル中の操作≫

リハーサル中のスライド画面には、「リハーサル」パネルが表示されます。

そのパネルには、表示中のスライドおよびリハーサル開始からの経過時間が表示されます。

「次へ」ボタンは、スライドの動作を進行させます(①)。

「一時停止」ボタンをクリックすると、リハーサル時間の進行を一時停止します(②)。

「リピート」ボタンをクリックすると(④)、現在のスライドの経過時間(⑤)をリセットします。

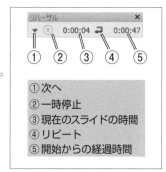

「リハーサル」パネル

リハーサル中には、発表者は実際のプレゼンテーションと同じようにスライドの説明などを行なってください。プレゼンテーションの進行は、スライドのクリックによって操作します。

第4章 Presentation

≪リハーサルの終了≫

「リハーサル」が終わると、所要時間の記録を確認するダイアログが表示されます。

時間設定の更新確認

このダイアログで、「はい」ボタンをクリックすると、「リハーサル」の所要時間がプレゼンテーションに適用され、スライドの「自動的に切り替え」の時間設定を更新します。

「リハーサル」の操作で更新された内容を保存する場合には、「プレゼンテーション・ファイル」の保存操作を行なってください。

≪自動切り替えの時間を確認する≫

スライドに設定された自動切り替えの設定を確認するには、「スライドショー」ツールバー（①）の「スライド切り替え」ボタンをクリックします（②）。

ワークウィンドウに「スライド切り替え」の項目が表示され、「切り替え方式」セクションの「自動的に切り替え」欄で時間を確認できます（③）。

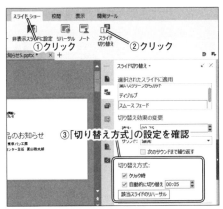

「切り替え方式」の設定を確認

[4-8] プレゼンテーションの再生

■ スライドショーの設定

●「スライドショーの設定」の役割

プレゼンテーションをスムーズに行なうためには、使えるモニタの台数やプレゼンテーションの目的に適合するように、「スライドショーの設定」ダイアログの各項目を設定しておく必要があります。

*

「スライドショー」ツールバー（①）の「スライドショーの設定」ボタンをクリックすると、「スライドショーの設定」ダイアログが表示されます（②）。

「スライドショーの設定」ボタン

「スライドショーの設定」ダイアログの設定は、スライドの設定よりも優先されます。

たとえば、スライドに「自動的に切り替え」の時間が設定されている場合でも、「スライドショーの設定」ダイアログで、クリック操作で切り替えるように設定できます。

●[設定例1] 発表者として使用する

発表者が説明しながらプレゼンテーションを再生し、発表者の操作によってスライドを切り替える場合は、「種類」欄で「発表者として使用する」を選択します（①）。

そして、「スライドの切り替え」欄は、「クリック時」に設定します。

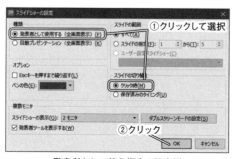

発表者として使う場合の設定例

この設定にすると、スライドの自動切り替えは無効になり、クリックしてスライドを切り替えるように設定されます。

第4章 Presentation

● [設定例2] 自動再生を繰り返す

たとえば、店頭で商品説明をモニタに表示して、スライドを自動的に繰り返し再生するような場合には、「種類」欄で「自動プレゼンテーション」を選択します。

「スライド切り替え」欄は「保存済みのタイミング」を選択します。スライドには、連続して再生するように、「自動的に切り替え」の時間を設定しておきます。

連続再生の繰り返しを止めるには、[Esc]キーを押します。

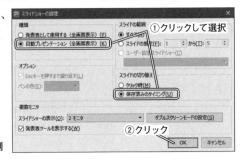

自動プレゼンテーションの設定例

● スライド画面に操作ボタンを表示する

「スライドショーの設定」ダイアログの「複数モニタ」欄で、「発表者ツールを表示する」のチェックボックスをオフにすると、フルスクリーン(出席者表示)のスライド画面の左下に操作ボタンが表示されます。

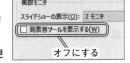

「複数モニタ」設定の変更

「プレゼンテーション」で「ペンツール」を使う場合には、操作ボタンを表示しておくと、ペンの選択などを操作しやすくなります。

*

スライド上で各操作ボタンをクリックすると、コンテキストメニューが表示され、「ペンツール」などの描画ツールを選択できます。

これらの操作ボタンは、スライド上では目立たないように淡色で表示されます。

ボタンをポイントすると、ボタンの色は濃くなります。

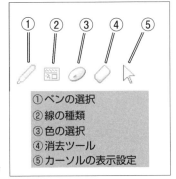

スライドの操作ボタン

4-9 資料の作成

■ 資料の配付方法

「Presentation」で作ったデータを資料として他の人に渡すには、印刷物の作成や「プレゼンテーション・ファイル」をメールで送信するなど、いくつかの方法があります。

資料の配布は、状況に応じて適切な方法を選ぶ必要があります。

プレゼンテーション資料のデータを他者に渡す場合に、「プレゼンテーション・ファイル」や「スライドショー形式」のファイルを配布する方法もあります。

しかし、情報を公知させる資料として配付する場合には、閲覧しやすい形態で配布する必要があります。

一般にWebサイトやクラウドサービスを通じて配布する場合には、「XPS」や「PDF形式」の文書ファイルに変換してから、そのファイルを公開します。

「XPS」はマイクロソフトが開発し、「PDF」はアドビが開発した文書ファイル形式です。

どちらかというと、「XPS」よりも「PDF」のほうが標準的に広く使われています。

■ 印刷

● 印刷プレビュー

「印刷プレビュー」は、スライドの印刷イメージを確認する機能です。

「印刷プレビュー」を開くには、「ファイルタブ」のメニューから(①)、「印刷」をポイントし(②)、「印刷プレビュー」をクリックします(③)。

第4章 Presentation

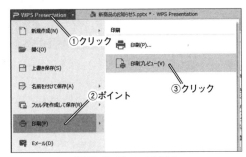

「印刷プレビュー」を開く

「印刷プレビュー」から、さまざまな印刷方法を設定して、印刷のイメージを確認できます。

● 「印刷プレビュー」の基本操作

「印刷プレビュー」ツールバーの「前ページ」ボタンと「次ページ」ボタンのクリックで、スライドの表示を移動します。

「拡大/縮小」欄の小さな三角ボタンをクリックすると、メニューから「拡大率」を選択できます。

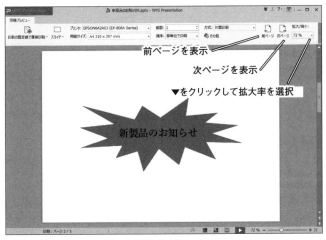

印刷プレビュー

[4-9] 資料の作成

「印刷プレビュー」を終了するときは、[ESC]キーを押すか、「印刷プレビュー」ツールバー右端の「閉じる」ボタンをクリックします。

「閉じる」ボタン

● 1枚の用紙に複数のスライドを印刷

「スライド」ボタン(①)のメニューから、1枚の用紙に複数のスライドを印刷する設定を選択できます(②)。

たとえば、「配付資料(4枚スライド)」を選択すると、1枚あたり4枚のスライドを縮小印刷します。

「横」または「縦」のボタンをクリックすると、用紙の向きを変更できます(③)。印刷のレイアウトは、用紙の向きに合わせて自動的に設定されます。

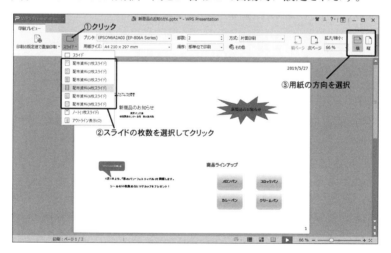

複数のスライドを印刷する設定

第4章 Presentation

●「枠線」を付けて印刷

「スライドに枠を付ける」ボタンをクリックすると、各スライドを囲む枠線を付けて印刷します。

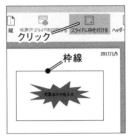

スライドに枠を付ける

●「XPS形式」のファイルを出力する

印刷の操作では、通常は「印刷」ダイアログでプリンタ名を指定して印刷しますが、プリンタの種類で「Microsoft XPS Document Writer」を選択すると、「XPS(XML Paper Specification)形式」の文書ファイルを保存できます。

[1]「プリンタ」欄のプルダウンメニューから「Microsoft XPS Document Writer」を選択(①)。

「部数」を「1」(②)、「順序」を「部単位で印刷」(③)、「方式」を「片面印刷」に設定する(④)。

「印刷」ボタンをクリック(⑤)。

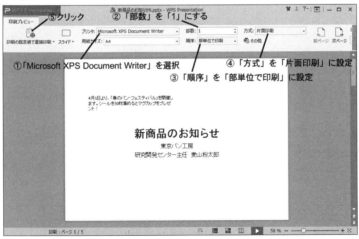

「Microsoft XPS Document Writer」を選択

[4-9] 資料の作成

[2]ファイル保存のダイアログが表示されたら、保存先のフォルダを選択して(①)、ファイル名を入力する(②)。

「ファイルの種類」欄をクリックして(③)、「XPSドキュメント(*.xps)」を選択する(④)。

準備ができたら「保存」ボタンをクリック(⑤)。

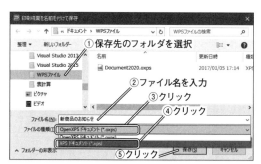

「XPSファイル」の保存

印刷の操作で保存した「XPSファイル」をエクスプローラからダブルクリックすると、「XPSビューアー」が起動して、内容を閲覧できます。

Memo　XPSとOXPS

「XPSドキュメント」の拡張子には、「*.xps」と「*.oxps」があります。

「*.oxps」ファイルは比較的新しい規格なので、パソコンの環境によっては、ファイルを受け取った人が開けない場合があります。

ドキュメントファイルを配布する場合には、「*.xps」で保存したほうが無難です。

Memo

「印刷プレビュー」画面で、「その他」ボタンをクリックすると、「印刷」ダイアログを開いて、プリンタの設定を確認できます。

第4章 Presentation

■ PDF文書の作成

● 配布に適したPDF形式

「XPS形式」の文書ファイルでは、「開き方が分からない」といったユーザーが散見されます。

「PDF形式」は「一般的な文書形式」として広く使われており、文書ファイルの配布にも適しています。

●「PDFファイル」に保存する

「PDFファイル」は、「ファイルタブ」の保存操作から作成できます。

[1]「ファイルタブ」のメニューから(①)、「PDFファイルとして出力」をクリック(②)。

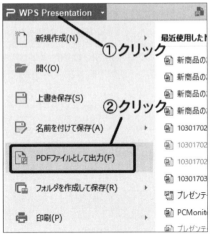

「ファイルタブ」の操作

[4-9] 資料の作成

[2]「標準」タブの「保存先」欄で、「保存先フォルダ」と「ファイル名※」を設定する(①)。

> ※ 自動的に入力されるファイル名で問題無ければ、そのまま保存してください。

「出力範囲」を設定する(②)。
「出力オプション」の「出力内容」で「配付資料」をクリックして選択する(③)。
「1ページあたりのスライド数」の数値欄をクリックして、枚数を選択する(④)。
各スライドに枠を付ける場合は、「スライドに枠を付けて出力する」のチェックボックスをオンにする(⑤)。
準備ができたら、「OK」ボタンをクリックする(⑥)。

「PDFとして出力」ダイアログ

[3]PDFファイルの出力が完了すると、「出力が完了しました」と表示される。保存したPDFファイルを開く場合は、「ファイルを開く」ボタンをクリック。

PDFファイル作成の完了

第4章 Presentation

「PDFファイル」を開くには、「Adobe Reader」などのPDFリーダーソフトが必要です。

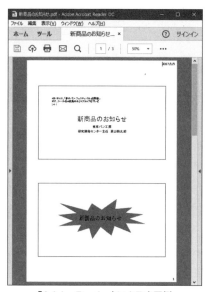

「Adobe Reader」による表示例

●「PDFファイル」に「パスワード」を設定する

≪アクセス制限の設定≫

パスワードが設定された「PDFファイル」は、パスワードを知っている人だけが閲覧できます。

また、「PDFファイル」への変更操作を制限することもできます。

パスワードは、「Adobe PDFファイルとして出力」ダイアログの「アクセス制限の設定」タブで設定できます。

「PDFファイル」への変更を制限する場合は、「アクセス制限の設定」のチェックボックスをオンにして、「パスワード」欄と「確認」欄に同じパスワードを入力します。

[4-9] 資料の作成

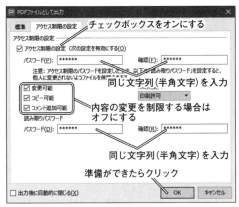

アクセス制限の設定

「変更可能」や「コピー可能」などのチェックボックスをオフにすると、その項目の内容は変更できなくなります。

「読み取りパスワード」の「パスワード」欄と「確認」欄に同じパスワードを入力します。

なお、「アクセス制限の設定」と「読み取りパスワード」では、同じパスワードは使えません。異なるパスワードを入力してください。

≪「パスワード付きPDFファイル」を開く≫

パスワードの設定された「PDFファイル」を開くと、パスワードの入力を促すダイアログが表示されます。

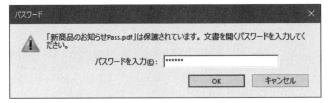

「Adobe Reader」の「パスワード」ダイアログ

正しいパスワードを入力すると、PDFファイルの内容が表示されます。

索 引

五十音順

《あ行》

- あ アート文字 ……………………… 33,82,193
  - アウトライン ……………………………… 173
  - アスタリスク ……………………………… 26
  - 新しいスライド …………………………… 194
  - 圧縮 ………………………………………… 177
  - アニメーション …………………………… 211
  - 網掛け ……………………………………… 35
  - 網掛けの色 ………………………………… 53
- い 移動 ………………………………………… 57
  - 印刷 …………………………………… 108,227
  - 印刷プレビュー ……………………… 105,227
  - インストール ……………………………… 11
  - インデント …………………………… 40,67
  - インデントマーカー ……………………… 68
- う 上付き ……………………………………… 32
  - 打ち消し線 ………………………………… 32
- え エラー値 …………………………………… 154
- お オートフィル ……………………………… 123
  - オブジェクト ……………………………… 75
  - オブジェクトの書式設定 …………… 96,204
  - 折り返し …………………………………… 89
  - 折れ線 ……………………………………… 99
  - 音声 ………………………………………… 209

《か行》

- か 改行 ………………………………………… 44
  - 隠し文字 …………………………………… 45
  - 拡張書式 …………………………………… 40
  - 箇条書き …………………………………… 37
  - 下線 ………………………………………… 32
  - カラーピッカー …………………………… 34
  - 簡易表示 …………………………………… 172
  - 関数 ………………………………………… 143
- き 起動 ………………………………………… 12
  - 機能選択 …………………………………… 22
  - 基本図形 …………………………………… 187
  - キャプション ……………………………… 101
  - 行間 ………………………………………… 52
  - 行区切りの改行 …………………………… 44
  - 切り取り …………………………………… 57
  - 均等割付 …………………………………… 51
- く クイックメニュー ………………………… 19
  - 組み文字 …………………………………… 41
  - グラデーション …………………………… 190
  - グラフ ……………………………………… 158
  - グラフを挿入 ……………………………… 198
  - グリッド線 ………………………………… 131
  - クリップアート ………………………… 23,87
  - クリップアート集 ………………………… 8
  - クリップアートを挿入 …………………… 198
  - クリップボード …………………………… 54
  - グループ化 ………………………………… 103
- け 蛍光ペン …………………………………… 33
  - 形式を選択して貼り付け ………………… 136
  - 罫線 …………………………………… 53,131
  - 検索 ………………………………………… 63
- こ 合計 ………………………………………… 143
  - 互換性 ……………………………………… 9
  - コピー ……………………………………… 54

《さ行》

- さ 最近使用したドキュメント ……………… 26
  - サウンド …………………………………… 209
  - 差し込み印刷 ……………………………… 110
  - サムネイル ………………………………… 88
  - 算術演算子 ………………………………… 149
- し シート ……………………………………… 118
  - 軸タイトル ………………………………… 167
  - 四則演算 …………………………………… 148
  - 下付き ……………………………………… 32
  - 自動再生 …………………………………… 226
  - 絞り込み …………………………………… 138
  - 斜体 ………………………………………… 32
  - 縦横比 ……………………………………… 95
  - 集計行 ……………………………………… 139
  - 小数点以下の桁数 ………………………… 145
  - 小数点揃えタブ …………………………… 72
  - 書式設定 …………………………………… 23
  - 書式のクリア ……………………………… 59
  - 書式のコピー ……………………………… 58
  - 書式のないテキスト ……………………… 56
  - 書式マーク ………………………………… 44
  - シリアル番号 ……………………………… 13
  - 新規作成 …………………………………… 24

索引

す 数式 …………………………………… 120
　ズーム ………………………………… 19
　図形 ……………………………… 92,185
　図形の塗りつぶし ………………… 190
　スタイル ……………………………… 59
　スタイルと書式 ……………………… 23
　スタイルの変更 ……………………… 60
　図の挿入 ……………………………… 91
　すべて置換 …………………………… 65
　スペルチェック ……………………… 10
　スライド …………………………… 172
　スライド・ペイン ………………… 172
　スライド一覧 ……………………… 172
　スライドイン ……………………… 215
　スライド切り替え ………………… 211
　スライドショー …………………… 175
　スライドショーの設定 …………… 225
せ セクション …………………………… 77
　絶対参照 …………………………… 151
　セル ………………………………… 118
　セルの結合 ………………………… 140
　線種と網掛けの設定 ………………… 78
そ 挿入 …………………………… 130,197

《た行》

た 第2軸項目 …………………………… 166
　タイトルバー ………………………… 18
　ダウンロード版 ……………………… 8
　多角形 ………………………………… 99
　縦書き ………………………………… 81
　タブ …………………………………… 48
　ダブルスクリーンモード ………… 220
　段組 …………………………………… 79
　段落区切りの改行 …………………… 44
　段落番号 ……………………………… 37
　段落レイアウト ……………………… 46
ち 置換 …………………………………… 64
つ ツールバー …………………………… 18
て ディスプレイアダプタ …………… 218
　テーブル …………………………… 137
　テキスト・ボックス …………… 83,183
　テクスチャ …………………………… 97
　テクスチャの選択 …………………… 94
　テンプレート …………………… 23,178

　テンプレートに追加 ………………… 61
と 動画 ………………………………… 205
　等幅フォント ………………………… 30
　ドキュメントの回復 ………………… 23
　トップテン ………………………… 139

《な行》

な 並べ替え …………………………… 126
の ノート ……………………………… 219

《は行》

は 背景色 …………………………… 53,134,200
　パスワード ………………………… 234
　貼り付け ……………………………… 56
　貼り付け先の書式に対応する ……… 57
　範囲に変換 ………………………… 139
　凡例 ………………………………… 163
ひ 比較演算子 ………………………… 153
　左揃えタブ …………………………… 70
　ビデオを挿入 ……………………… 205
　表記ゆれ ……………………………… 10
　表示モード …………………………… 19
　標準表示 …………………………… 172
　標準偏差 …………………………… 147
　表のスタイル ……………………… 201
　表の挿入 …………………………… 199
　ピン留め ……………………………… 26
ふ ファイルタブ ………………………… 18
　フォント ……………………………… 27
　フォントの色 ………………………… 34
　フォントを変更 ……………………… 29
　吹き出し …………………………… 185
　複合グラフ ………………………… 164
　複合参照 …………………………… 151
　複数行文字 ………………………… 102
　ブック ……………………………… 118
　フッター ……………………………… 72
　太字 …………………………………… 31
　ぶら下げインデント ………………… 69
　フリーハンド線 …………………… 223
　フリーフォーム ……………………… 99
　プレースホルダ …………………… 180
　プロポーショナルフォント ………… 30
　分岐点 ……………………………… 191

索引

　文書タブ 19
へ 平均値 144
　ページ罫線 78
　ページ範囲 109
　ページ番号 73
　ペースト 55
　ヘッダー 72
　偏差値 149
　編集ウィンドウ 19
　編集の制限 23
ほ ポインタオプション 222
　ホーム 27
　保存 25

《ま行》

め メニュータブ 18
も 文字の拡大縮小 43
　文字の効果 33,84
　元に戻す 63

《や行》

や やり直し 63
よ 用紙サイズ 107
　寄せ 50
　余白 66

《ら行》

り リハーサル 223
　両端寄せ 51
る ルーラー 48,67
　ルビ 35
れ レコード 114

《わ行》

わ 割注 42

英数字順

《A》
Adobe Reader 234

《B》
BGM 211

《D》
dps 10

《E》
ett 10

《H》
HDMI 218
HSL 35

《I》
IF 関数 151

《M》
Microsoft Office 9

《O》
OS 9

《P》
PDF 232

《R》
RGB 35

《T》
Texture 97

《W》
WMV 206
WPS 8

《X》
XML データ構造 23
XML マップ 23
XPS 形式 230

《数字》
3-D 書式 100

[著者略歴]

本間　一（ほんま・はじめ）

フリーライター。
得意分野は、「マルチメディア系」「デジタルビデオ編集」「ソフトウェアの運用」など。
趣味は、「DTM」「サッカー観戦」「ビリヤード」。

[主な著書]

はじめてのKingsoft Office
IFTTTレシピブック
はじめてのビデオチャット
はじめてのGmail
はじめてのEvernote
はじめてのGoogle Chrome
Googleサービス＆ツールガイド
ニコニコ動画 ツールガイド
わかるSkype
超カンタン！DVDビデオ編集
ビデオ編集速攻レッスン
ビデオファイル徹底研究　　　　　（以上、工学社）

質問に関して

本書の内容に関するご質問は、

① 返信用の切手を同封した手紙
② 往復はがき
③ FAX (03)5269-6031
　（ご自宅のFAX番号を明記してください）
④ E-mail　editors@kohgakusha.co.jp

のいずれかで、工学社I/O編集部宛にお願いします。
電話によるお問い合わせはご遠慮ください。

工学社ホームページ

サポートページは下記にあります。
http://www.kohgakusha.co.jp/

I/O BOOKS

はじめてのWPS Office

2017年3月25日　第1版第1刷発行　ⓒ 2017
2019年6月30日　第1版第2刷発行

著　者　　本間　一
発行人　　星　正明
発行所　　株式会社工学社
　　　　　〒160-0004 東京都新宿区四谷 4-28-20 2F
電話　　　(03)5269-2041 (代) [営業]
　　　　　(03)5269-6041 (代) [編集]
振替口座　00150-6-22510

※定価はカバーに表示してあります。

印刷：(株)エーヴィスシステムズ

ISBN978-4-7775-1997-2